社会関係の主体的側面と福祉コミュニティ

平川　毅彦

目次

序章
地域社会と社会関係の主体的側面 …………………………………… 7

 Ⅰ　行政単位としての地域社会 …………………………………………7
 Ⅱ　地域性と地域社会感情 …………………………………………………8
 Ⅲ　「社会福祉固有の視点」と地域社会 …………………………………9
 Ⅳ　「負の遺産」解消としての「社会関係の主体的側面」……………13
 Ⅴ　全体の構成 ……………………………………………………………16

第1章
二本立てのコミュニティ論と地域福祉 ………………………… 23

 Ⅰ　はじめに ………………………………………………………………23
 Ⅱ　岡村社会福祉論と今日の社会福祉制度 ……………………………24
 Ⅲ　福祉コミュニティの論理構造と地域福祉 …………………………27
 Ⅳ　福祉コミュニティの展開と課題 ……………………………………34

第2章
地域社会における「負の遺産」としての「訓令17号」……… 47

 Ⅰ　はじめに ………………………………………………………………47
 Ⅱ　部落会町内会等整備要領を読む ……………………………………48
 Ⅲ　まとめ …………………………………………………………………51

第3章
望ましい地域社会としての「コミュニティ」………………… 55

 Ⅰ　はじめに ………………………………………………………………55
 Ⅱ　「魂のオアシス」としての地域社会 …………………………………56
 Ⅲ　「新しいタイプの町内会」発見 ………………………………………58
 Ⅳ　地域社会の分析枠組みと「コミュニティモデル」………………61
 Ⅴ　まとめ …………………………………………………………………65

第4章
仙台市における生活圏拡張運動と「福祉のまちづくり」……… 71

  Ⅰ はじめに ……………………………………………………… 71
  Ⅱ 「福祉のまちづくり」運動発生の背景 ………………………… 72
  Ⅲ 仙台市における生活圏拡張運動の形成 ……………………… 75
  Ⅳ 「福祉のまちづくり」から学ぶもの …………………………… 78

第5章
別府市における福祉のまちづくりと「車いす市議」の役割 …… 91

  Ⅰ はじめに ……………………………………………………… 91
  Ⅱ 太陽の家と「福祉のまちづくり」 ……………………………… 92
  Ⅲ 「車いす市議」の役割 ………………………………………… 95
  Ⅳ まとめ ………………………………………………………… 102

第6章
福祉コミュニティ調査法と専門家の役割 ……………………… 111

  Ⅰ はじめに ……………………………………………………… 111
  Ⅱ 調査設計上の特徴 …………………………………………… 112
  Ⅲ データ蒐集と分析の指針 …………………………………… 115
  Ⅳ まとめと課題 ………………………………………………… 117

第7章
岡村社会福祉論の論理構造と課題 ……………………………… 123

  Ⅰ はじめに ……………………………………………………… 123
  Ⅱ 合理性にもとづく社会福祉の発展段階 …………………… 124
  Ⅲ 「社会関係の主体的側面」に基づく「社会福祉固有の視点」 … 127
  Ⅳ 「社会福祉固有の視点」と援助の原理 ……………………… 131
  Ⅴ 岡村社会福祉論の発展的検討に向けて …………………… 137

終章
「社会関係の主体的側面」を貫く福祉コミュニティ概念の再構成 …………………………………………………………… 141

Ⅰ　はじめに …………………………………………………………… 141
Ⅱ　福祉国家状況下における個別性・主体性を保障する場としての
　　地域社会 …………………………………………………………… 143
Ⅲ　社会関係の主体的側面を貫く福祉コミュニティ概念の再構成 … 146
Ⅳ　まとめ ……………………………………………………………… 153

補章
明治期北海道屯田兵制度による「地域」と「家族」の形成
―S屯田兵村を事例として― …………………………………… 159

Ⅰ　はじめに …………………………………………………………… 159
Ⅱ　北海道屯田兵制度の概要 ………………………………………… 161
Ⅲ　S「屯田兵村」の形成 …………………………………………… 165
Ⅳ　「屯田家族」の形成 ……………………………………………… 170
Ⅴ　養子戸主の諸問題 ………………………………………………… 176
Ⅵ　婚姻ネットワークから見た家族と地域の形成 ………………… 185
Ⅶ　おわりに …………………………………………………………… 189

序章
地域社会と社会関係の主体的側面

I　行政単位としての地域社会

　一定の地理的空間を範囲としてそこに居住する人々から構成される地域社会を、行政施策の一単位としてみなすならば、その歴史は範域の拡大と機能の増大であった。1889（明治22）年の市町村制施行により市町村数は前年の71,314から15,859に、そして「昭和の大合併」から2000（平成12）年の「地方分権推進一括法」、2005（平成17）年の「市町村の合併の特例に関する法律」（「平成の大合併」）を経て、2014（平成26）年4月には1,718まで減少した。一市町村あたりの平均人口はここ100年余の間に547.3人から2,489.0人、そして73,971.5人へと増大した[1]。「地域社会とはどこからどこまでを指すのか」「地域住民とはどのような人々なのか」「地域で解決されるべき課題とは何か」といった根源的な問いかけに対する明確な回答が、このような市町村合併に伴う人口増大と範域拡大により難しくなっている。

　その一方で、地域社会への期待は高まっている。2013（平成25）年に公表された「地域分権改革の総括と展望（中間取りまとめ）」では、1996（平成8）年勧告以降の現状を以下のように記している。

　　第1次地方分権改革の際の背景・理由とされていた5項目について、現状に照らして概括すると以下のとおりであり、引き続き地方分権改革を推進すべき状況にあるといえる。
　　「中央集権型行政システムの制度疲労」及び「個性豊かな地域社会の形成」については、これまでの地方分権改革により一定の前進をみたといえるが、いまだ途半ばである。また、「変動する国際社会への対応」については、当時とは比較にならないほどグローバル化が進展し、むしろ調整課題は増加しており、「東京一極集中の是正」については、依然として東京と地方との格差は解消されているとはいえない。さら

に、「高齢社会・少子化社会への対応」については、日本社会は大きな構造変化に直面しており、社会保障の持続可能性が問われている[2]。

　範域の拡大による地域社会概念の拡散と、社会保障分野等における地域社会へ期待増大の同時進行という文脈から考えるなら、社会福祉と地域社会との関係でしばしば着目されてきた「富山型デイサービス」[3]「べてるの家」[4]「障害者自立生活運動」[5]などは、「地域であたりまえの生活をする」という当事者ニーズの反映にとどまるものではないことが明らかになる。社会生活を保障する重点が「国家」から「地方自治体」へと移行するなかで、こうした「先進事例」は国の政策として採り上げられ、社会福祉法に盛り込まれた「地域福祉」の理念に、そして介護保険制度や障害者総合支援法へと反映されてきた。「限られた財源」のなかで、こうした施策をいかして効果的に遂行するのか。地域社会の意義があらためて問い直されている。

Ⅱ　地域性と地域社会感情

　それでは、今日における広域化・大規模化した市町村はそこで生活する住民にとって「地域社会」と呼ぶことができるだろうか。日本における当該施策の理論的基盤ともなっている「コミュニティ」[6]について、MacIverとPageによる規定にもとづくのであれば、それは難しいと言わざるをえない。

　　＜コミュニティの定義＞　コミュニティは社会、アソシエーションとともに、ここでの主要な概念である。その具体的な例としては、開拓居留地(pioneer settlement)、村、都市、部族、民族(nation)があげられる。人々が特定の関心を分有するのではなく、共同生活の基本的な諸条件を分有して共同生活をしている場合、集団の大小にかかわらず、その集団をわれわれはコミュニティと呼ぶ。人間の生活の一切を包括するところにコミュニティの特色がある。人々は会社組織や教会内で

全生活をおくることはできないが、部族や都市であるならそれが可能である。したがってコミュニティの主要な基準は、人々の社会生活のすべてがそのうちにみいだされることにある[7]。

　このように定義された「コミュニティ」は必ずしも「自己充足的である必要」はないものの、「ある程度の社会的結合(social coherence)をもつ社会生活の一定の範域」であり、「地域性(locality)と地域社会感情(community sentiment)」を基礎とする。そして「コミュニティの特性である社会的結合を欠いた特定の地域的範域に生活する人々が今日存在する」のであり、「大都市の一画ないしは一区域に住む人々がそれであり、彼らは十分な接触や共通の利害関心を欠いており、地域への自覚ある同一化を持つに至らない。そのような『近隣』(neighborhood)は、共属感情—地域社会感情—を欠くゆえにコミュニティではない」のである[8]。

　MacIverとPageによる「コミュニティ」をそのまま今日の日本社会における「地域社会」とイコールで結びつけることは難しい。地域社会感情を欠いた住民から構成される地域社会は、単なる「入れ物」に過ぎない。そのような住民に対して地域社会感情を強要することは今日にあって望ましいことではない。しかし個々の住民の生存への責任は、これまで記したように国家から地方自治体へ重点が移行している。日常生活における基盤整備や社会保障等々はこの地方自治体（地域社会）を単位として進められなければならない。また住民のニーズも地方行政に反映されなければ対応は難しくなってきているのである。

Ⅲ　「社会福祉固有の視点」と地域社会

　ところで、一人ひとりの生活へと視点を移すなら、経済的貧困や老齢、あるいは身体的機能障害や知的発達の遅れ等々を抱える人々にとって、地域社会は大きな意味を持っている。日常生活の場でさまざまな「生きづらさ」に出会うとき、はじめてその人にとっての生活上の解決されるべき課題となるからである。病院や施設へと入院・収容されることは急

性期には有効であるとしても、根本的な問題解決にはならない。日常生活が営まれる場としての地域社会において解決される必要がある。こうした一人ひとりへの生活支援・福祉実践としてのソーシャル・ワーク[9]を基盤として形成されたのが岡村重夫による社会福祉論である。

歴史的に形成されてきた社会福祉は、劣等処遇から回復的処遇を経て、普遍的処遇という段階に到達する。一部の劣った者を対象とした特別なものから、すべての者が誰でも等しくサービスを受けることが可能な一般的なものへと移行、これが福祉国家の段階である。しかし、岡村はMacIverの論考[10]を直接引用しながら、福祉国家の次に位置づけられるものとして、個別のニーズに対応する専門的サービスとその担い手としてのソーシャル・ワーカーによる現代の社会福祉（「社会福祉の限定」）の必要性を提示する。

> マッキーバーはかつてその著書「共同社会」(Community)において、社会進化の過程が社会化(socialization)と個別化(individualization)という二つの側面をもち、この両者が互いに補いあうことを主張したが、ここでも社会制度の成長発展は同時に、その制度の内部において個別化された取扱を発展させて、制度支配(institutionalism)の欠陥を補うことが必要であるという。このように「社会制度を個人の要求に調和させることが、ソーシャル・ワーカー全般に通ずる機能(general function)である。従ってこれらの社会制度が、各種各様の個人の要求をみたしえない場合に、[中略]ソーシャル・ワーカーの仕事が始まるのである。ところがこれらのサービスは、それぞれ特有の目的をもって成立している団体の職員たるワーカーによってあたえられるものであって、その際この個人的あるいは制度的欠陥に対してはこの団体の関係する部面に関連して、特定専門のサービスがあたえられるのが普通である。これはソーシャル・ワーカーの特定分野における機能(special function)である」[11]。

MacIverによる「社会化」と「個別化」、そしてソーシャル・ワークと

序章　地域社会と社会関係の主体的側面

いう発想は、岡村の社会福祉論に大きな影響を及ぼしており、また地域社会についても同様である。しかし、岡村は「マッキーバーが社会化(socialization)に対して個別化(individualization)を対立させてみても、これだけでは社会福祉固有の機能を証明することは困難であろう。つまり問題はこの『個別化』の内容である。個人の生活のどの部面を、どのように『個別化』するかを明らかにするのでなければ、『社会福祉』と他の社会制度との本質的な差異を明らかにすることはできない」[12]としてさらに検討をすすめ、「社会関係の主体的側面」から把握する「社会生活の基本的要求充足」にもとづく「社会福祉固有の視点（立場）」を提示する。

　社会福祉固有の立場は、(1)人間の社会生活上の基本的要求が全体として調和的に充足せられることを前提条件とする。例えば、経済的安定さえ充足せられるならば、他の基本的要求の充足を無視してもよいというのは、社会福祉固有の立場ではない。(2)すべての個人が社会的役割を効果的に果しうるように援助することが基本的な機能である。すなわち社会関係の主体的側面に着目して、これを容易にし、調和を保持するように援助することを通じて、社会生活の基本的要求の充足を可能にするのである。個人が社会制度に適応してゆくように援助する社会福祉固有の立場に対して、人はしばしばこれを社会福祉の現状維持的、ないしは妥協的立場にほかならないと評してきた。それは社会福祉固有の視点と社会福祉の対象や機能とを混同する常識論である。というのは個人の社会的役割の遂行を容易ならしめること、換言すれば彼の制度的適応を容易にするという社会福祉固有の立場を確保しつつ、社会制度の変更の必要性を明らかにしたり、また制度的変更に対する協働的行動に参加することができるからである。(3)社会福祉は個人の社会的役割の遂行の援助、すなわち社会関係の主体的側面の援助を、直接個人に対して行うと共に、地域社会や個人の集団に対しても、彼等が個人の社会的役割を容易にするような制度的変更を加えるように援助をする。(4)この際社会福祉の前提条件となるものは、それがす

べての個人の社会関係に対する援助であると共に、個人のすべての社会関係を問題にするということである[13]。

こうして「社会関係の主体的側面」は岡村社会福祉論の鍵概念となったのであり、その後の論考において「社会福祉固有の視点」から日常生活の場としての地域社会の意義が導き出されたのである。今日における地域社会には多様なタイプがある。そして、どのような地域社会に住んでいようと、個々人が営む社会生活の基本的要求の不調和・欠損・欠陥から引き起こされた生活上の課題は、そうした当事者と「共通の関心」をもつ家族や友人、そして専門家・機関の支援によって解決を目指さなければならない。この組織が「福祉コミュニティ」であり、日常生活の場において展開されなければならない[14]。

この福祉コミュニティを形成する共通の関心は、おなじ地域的範囲に居住しているすべての人々と共通する関心であるとは限らない。しかし、先に触れたMacIverの規定に従うのなら、福祉コミュニティは一定の地域性と共通の関心を持ち、「すべての社会関係」を見出すことのできる「コミュニティ」である。さらに、多様な人々をそのまま「同じ人間」「隣人」として受容するという「共通の関心」が地域住民すべてに共有されている場合、生活上の課題を持つ人々の「生きづらさ」は軽減され、また専門的な支援も受けやすくなる。こうした場合でも、福祉コミュニティに代わることはできない。また、地域住民に共通の関心が存在しない場合であっても、当事者は自身の生活を休むことは出来ないため、この福祉コミュニティ形成が第一にすすめられなければならない。

生活上の課題を抱えているか否かにかかわらず、どのような人であってもあたりまえの場所で普通の生活を営むことができるように支援することが今日の社会福祉に求められている。そうした支援活動の中心をなすのは日常生活の場としての地域社会である。広域化と多機能化が求められている行政は生活を支援する専門機関であり、地方自治体はその管轄域である。社会関係の主体的側面を鍵とする岡村の社会福祉論は、「地域社会とは何か」という問いに対して、一人ひとりの生活という視点か

ら把握することの重要性を指し示している。地方自治体は地域社会を構成する必要条件ではあるものの、十分条件ではないのである。

Ⅳ 「負の遺産」解消としての「社会関係の主体的側面」

　ところで、こうした岡村社会福祉論形成過程を検討するためにその著作をさかのぼると、「戦争をその主体者としての国家間の現象と見、相互作用の面においてこれを捉へてゆく」[15]という視点に立つ1943（昭和18）年に発表された『戦争社会学研究』へとたどりつく。岡村自身が戦後この著作について述べることはなく、また研究者がこれに触れることはタブーとされてきた[16]。しかし、「社会関係の主体的側面」という鍵概念を除くと、その研究姿勢においては一貫性を認めることができる。

　時代背景及び陸軍学校教授という肩書き、そして何よりも「戦争」という社会現象をストレートに扱った同書は、その研究経歴における「負の遺産」である。しかし、『戦争社会学研究』で既に記されていた「研究対象の独自性とそれを貫く合理性にもとづく論理の一貫性」、そして現実との密接な対応関係という姿勢は、戦後に岡村が社会福祉研究者となった際にも引き継がれている。大きく異なるのは、「社会関係の主体的側面」である。戦後はじめられた社会福祉研究から約10年後に発表された『社会福祉総論』における「社会関係の主体的側面」を鍵とした社会福祉論形成過程は、社会学から社会福祉学への領域変更にとどまらず、岡村が背負った「負の遺産」解消であった。戦前の著作において、岡村は「戦争」という研究対象について以下のように規定する。

　　戦争を局限された専門的観点から、いはばその観点に近い一部面を拡大してみせるのではなく、これを一つの全体として、総合的に把握すること、また戦争を究極的な理念型においてではなく、現実の事実としてとらへること、そしてそこから如何なる戦争の手段・方法が、われわれに可能となるかを、実在科学的に究明するところに、われわれの戦争社会学的研究の課題と目標が存するのである[17]。

かくて国家の意志実現のために、自己を否定する他の国家を支配し、自己の意志をこれに依って強制するといふ所に戦争の本質がある[18]。

戦争が望ましいものであるか否かといふことは、単なる戦争観に於ては、重要な問題でありうるかもしれないが、少くとも現実の社会的事実から経験的法則を導きださうとする戦争社会学にとっては、何等の興味をもよび起こさないのである。むしろ戦争の事実を素直に認めて、その原因と結果を究明し、こゝから本質的なるものと然らざるものとを区別することによって、一切の戦争の持つ経験的法則を確立することが重要な問題である[19]。

　上記の記述を見る限り、戦後に社会福祉研究者となった岡村とは同姓同名の別人ではないかという思いが生じる。しかし、その論理構成の仕方をたどると、そこには科学的研究という連続性がある。大きく変わったのは全体的存在としての国家から、おなじくトータルなものとしての個人への移行であり、「社会関係の主体的側面」を軸とした社会福祉論である。

　岡村らによって展開された戦争社会学研究に対して、秋元は「社会科学が国家権力のもとに一元化され、それへの追随と自己正当化だけをもとめられたとき、現実に接近していこうとすればするほど、そこに残されたのは、科学的な臆病さとそこからくる思想の枯渇状態でしかなかったということだろう。対象から身を引き離すことをせず、無条件に現実にもたれかかって、これに理論を適合させていこうとするとき、それがいかに権力の仕掛けた罠にかかりやすいものであったか、戦争社会学の展開は、これを見事にしめしているということができる」[20]と指摘する。

　「戦争は、個人の闘争ではない。戦争は国家が、時として民族が、その遂行の主体者たる現象である。たとへ個人の行為を通じて、戦争行為が発現せられるとしても、この個人はもはや抽象的なる個人ではなくして、国家の一員として、いな国家そのものとしてすら行為するのである。少くとも国家の名において、個人は行為するのである。其處に個人の国家

的立場、『私』なき国家への止揚があり得るのである」[21]とする記述に、『社会福祉総論』で記された「社会関係の主体的側面」など存在する余地は無い。しかしMacIverによるコミュニティという発想を踏まえ[22]、「国家→[集団としての]個人」が「[個別性かつ全体性を備えた]個人→国家ないし全体社会」へと転換することで岡村社会福祉論の基礎が形成されたと考えるなら理解は容易である[23]。

　岡村社会福祉論を戦前からの「連続と変化」として捉えるのであれば、その論理性は一貫している。異なるのは、国家という集合体を扱う社会学から、社会との関係で発生した個人の生活問題の把握とそこへの支援という社会福祉学への変化である。「入れ物としての地域社会」（地域コミュニティ）から、生活上の課題を抱える一人ひとりの個人を中心とした「関係性としての地域社会」（福祉コミュニティ）への移行もまた同様である。「国家間の戦争についての社会学的研究」という「負の遺産」は、「社会関係の主体的側面」をもって解消されたのである[24]。

　しかし、現実との密接な対応関係という点では、「戦争」と「福祉」との間で岡村の研究姿勢は一貫している。そして、秋元が指摘するように「科学的な臆病さとそこからくる思想の枯渇状態」[25]から岡村の戦争社会学研究がなされたと考えるのであれば、社会学や社会福祉学に限らず、研究者すべてに対する警鐘として受け止めなければならないのであり、真摯に受け継がなければならない「遺産」である。

　地域社会は生活上の問題解決の場であると同時に、社会的排除という課題発生の源でもある。管理のための手段ではなく、日常生活の場としての地域社会を真に必要としている一人ひとりへと確実に届けるため、福祉コミュニティは必要とされている。すべての社会関係を把握できる福祉コミュニティを起点として、望ましい地域社会のありかたを考察・提示する。それが岡村社会福祉論による地域社会研究の意義であり、同時に「負の遺産」を常に意識したうえで検証をすすめなければならないという課題なのである。

社会関係の主体的側面と福祉コミュニティ

V　全体の構成

　本書は、地域社会に関する社会学的研究を踏まえ、社会福祉という視点からこの領域について更なる展開の可能性と課題について、探求してきた成果をまとめたものである。

　第1章では、今日の都市化した地域社会における福祉の可能性について考察した。岡村重夫による地域福祉論はこうした課題を適切に検討しており、高齢者や障害者の生活上のサポートを受ける場合には、ソーシャル・ワーカーや他の支援者たちとの協力関係が必要である。しかし同時に、住民がそうした活動を受け入れるかどうかにもかかっており、「二本立てのコミュニティ論」は、社会学とソーシャル・ワークを基盤とした社会福祉学が互いの発展のために力を尽くすことができることを指摘した。

　第2章では、1940（昭和15）年9月11日に通達された「部落会町内会等整備要領」（内務省訓令第17号）をテキストとして検討を行った。地域社会を構成する中心組織としての部落会・町内会が国家体制に組み込まれ、敗戦後「政令第15号」により部落会・町内会には解散措置が下され、戦争協力組織としてのレッテルを張られ、財産の処分や役職者の就職禁止措置がなされたことから、日本において地域社会研究を行おうとする場合、常に「負の遺産」として立ちはだかることを明らかにした。

　第3章では、前章での議論をふまえ、1945（昭和20）年以降の地域社会の在り方を巡る代表的論考についての検討を通じ、日本社会特有の「コミュニティ」概念が導き出されたことを明らかにした。「望ましい地域社会」が、「戦争協力組織」「前近代の遺物」という「負の遺産」を継承する町内会と峻別され、現代社会における諸問題を解決するため、地域社会が持っている積極的意義を指摘するとともに課題も提示した。コミュニティは、現代における「望ましい地域社会」であるが、普遍的価値意識を持つ住民が主体的に関わり続けない場合、コミュニティは個人の自由を奪う「望ましくない地域社会」へと容易に変貌する。この地域社会における「負の遺産」との絶えざる緊張関係の中でのみ、コミュニティ

の形成・維持は可能であることを確認した。

　第4章では、日本において地域社会と福祉を論じるうえでの原点の一つとされている、仙台市における「福祉のまちづくり」（生活圏拡張運動、1960年代末～）の検討を行った。車いすを利用する身体障害者を中心として、それを支援するソーシャル・ワーカー等の専門家や学生ボランティアによって構成される福祉コミュニティ形成とそこでの課題について、残された資料や聞き取り調査の結果をもとに検証した。

　第5章では、同じく「福祉のまちづくり」発祥の地とされる別府市における身体障害者授産施設を中心とした地域社会形成のプロセスを辿り、ここから誕生した日本初の「車いす市議」の活動記録を検討し、障害当事者の発言と行動が自治体の施策に採り入れられ、「まちが変わる」ことの意義を明らかにした。

　第6章では、福祉コミュニティ形成に際して中心的な役割を担う「福祉コミュニティ調査法」の特徴と課題を、社会調査法および社会福祉調査法における議論を踏まえて検討した。(1)調査を行う主体が福祉サービスを受ける当事者であること、(2)「調査の専門家」は支援者として彼／彼女に寄与する立場をとること、(3)問題解決に直接かかわる「福祉コミュニティ形成調査」と、間接的な位置を占める「一般的地域調査」という2つの次元に大きく分けられ、調査設計・計画もそれぞれ違ったものになること、という3点を明らかにし、福祉コミュニティ形成の主人公はあくまで生活上の課題を抱えた「当事者」でなければならないことを確認した。

　第7章では、ここまでの議論を踏まえ、福祉コミュニティ概念の理論的基盤となっている岡村社会福祉論の再検討を行った。1983（昭和58）年に出版された岡村重夫の『社会福祉原論』をテキストとし、「社会福祉固有の視点」にもとづく論理構造を検討し、発展的検討に向けた課題を明らかにした。岡村社会福祉論の特徴は、(1)「法律による社会福祉」と「自発的な社会福祉」との批判的協力関係、(2)「社会生活の基本的要求」と「社会関係の主体的側面」に基づく「社会福祉固有の視点」、(3)「社会福祉固有の視点」から導き出される援助の原理、という3点にまとめること

ができるとともに、生活当事者を中心とした検証作業によって、岡村社会福祉論のさらなる展開・発展は可能になることを指摘した。

　終章では、本書における議論のまとめとして、1974（昭和49）年に発表された岡村重夫の『地域福祉論』に立ち戻り、福祉コミュニティについての理論的再検討を行い、その内在的課題を明らかにした。岡村による福祉コミュニティをめぐる議論の一部には「ゆらぎ」がある。社会福祉固有の視点を貫き、主体的・個別的な原則を貫くために、こうした論理的課題を克服するために福祉コミュニティ概念の再構成を行なった。福祉コミュニティは、生活課題を抱えた具体的な個人を中心として、日常生活の場である地域社会の在り方と、それをとりまく全体社会を視野におさめることができるのであり、多様化・複雑化、そして大規模化する現代社会にあって、一人ひとりが「多様なままで」「あたりまえの生活」を営むことを可能にするための知的ツールである。そして、だれもがこのツールを使いこなせるようになること、それが福祉コミュニティの意義であり、これからの地域社会のありかたについての課題も明らかにすることができた。

　なお、福祉コミュニティについて直接触れたものではないが、補章として明治期北海道屯田兵制度による地域社会の形成と変容についての論考を収めた。平川による地域社会研究の出発点となったフィールドであり、「いれもの」ではない「関係性としての地域社会」を考察するうえで大きな意味を持つことになったものである。

[注]

1)　総務省HP,www.soumu.go.jp/（2016年2月4日参照）.
2)　地方分権改革有識者会議;2013:22.
3)　惣万;2002.
4)　向谷地・川村・清水;1996.
5)　山田・星野;1997.
6)　本書第3章で明らかにされているように、MacIverのcommunity概念と日本社会特有の意味が付与された「コミュニティ」とは区別が必要である。日本社会における「コミュニティ」には、「望ましい地域社会」としての意味が付与さ

れており、議論を混乱させる大きな原因となっている。
7) MacIver & Page;1949:8-9.
8) 同:9.
9) 「アメリカやイギリスで使われている概念として用いる場合には、社会事業という訳語を与えずに原語のまま表現される。現在、アメリカやイギリスでは、一般的にソーシャル・ウェルフェア(social welfare)という政策・制度体系のもとで、ひとつの専門職として展開される実践体系をソーシャル・ワークと総称して、両者をはっきり区別するようになっている」(仲村優一他編;1988:330).
ただし、後でも述べるように岡村の社会福祉理念は実践の場としての地域社会を起点として政策・制度体系のあり方をも視野に収めている点を見落とすわけにはいかない。なお、本書では引用等の場合をのぞき、「ソーシャル・ワーク」で統一した。
10) MacIver;1931.
11) 岡村;1956:83. なお、引用部分については岡村自身による翻訳(意訳)である。ここでは岡村がMacIverをどのように読んだのかを明らかにするためあえてこのままにしている。
12) 同:85
13) 同:139-140(傍点は原文のまま).
14) 岡村;1974.
15) 岡村;1943:3(原文の旧漢字は新漢字にて表記。以下同様).
16) 永岡;2012:45.
17) 岡村;前出:3.
18) 同:31-32.
19) 同:141.
20) 秋元;1979:294.
21) 岡村;前出:26.
22) MacIver;1917.
23) 戦後の岡村による一連の論考から垣間見える国家(及び行政)に対する「距離感」もまたこの裏付けとなっている。
24) ただし、戦争についての社会学的研究が真に「負の遺産」となるか否かについては更なる議論が必要である(野上・福間;2012:橋爪;2016).
25) 秋元;前出:294.

[文献]

秋元律夫.日本社会学史－形成過程と思想構造:早稲田大学出版部;1979.

地方分権改革有識者会議.個性を活かし自立した地方をつくる―地方分権改革の総括と展望（中間取りまとめ）－;2013.内閣府HP http://www.cao.go.jp/（2016年5月31日参照）.

橋爪大三郎.戦争の社会学―はじめての軍事・戦争入門:光文社:2016.

平川毅彦.「福祉コミュニティ」と地域社会:世界思想社;2004.

MacIver, R.M., Community: A Sociological Study;Being an Attempt to Set Out the Nature and Fundamental Laws of Social Life,Macmillan and Co.,Limited,1917（中久郎・松本通晴監訳『コミュニティ―社会学的研究：社会生活の性質と基本法則に関する一試論』ミネルヴァ書房、1975）.

MacIver,R.M.The Contribution of Sociology to Social Work:Columbia University Press;1931（小田兼三訳.ソーシャル・ワークと社会学－社会学へのソーシャル・ワークへの貢献:誠信書房;1985）.

MacIver,R.M.&Page,C.H.Society;An Introductory Analysis. London:Macmillan and Company Limited;1950.（若林敬子・竹内清による部分訳.コミュニティと地域社会感情.現代のエスプリ;1973.68:22-30）.

向谷地生良・川村敏明・清水義晴.「べてるの家」に学ぶ:博進堂;1996.

永岡正己.岡村重夫の戦前と戦後－理論生成の経路と磁場をめぐって－.松本英孝・永岡正己・奈倉道隆編著.社会福祉原理論（岡村理論の継承と展開第1巻）:ミネルヴァ書房;2012:16-45.

仲村優一・岡村重夫・阿部志郎・三浦文夫・柴田善守・嶋田啓一郎編.現代社会福祉事典（改訂新版）:全国社会福祉協議会;1988.

野上元・福間良明編.戦争社会学ブックガイド―現代世界を読み解く132冊:創元社;2012.

岡村重夫.戦争社会学研究:中川書房;1943.

岡村重夫.社会福祉学（総論）:柴田書店;1956.

岡村重夫.地域福祉論:光生館;1974.

岡村重夫.社会福祉原論:全国社会福祉協議会;1983.

惣万佳代子.笑顔の大家族このゆびとーまれ:水書房;2002.

山田昭義・星野広美編.人にやさしい街づくり:風媒社;1997.

[初出一覧]

序章　書き下ろし

第1章　二本立てのコミュニティ論と地域福祉－都市社会学と社会福祉学の狭間から－.日本都市社会学会年報26号;2008:5-20 に加筆のうえ改題。

第2章　「部落会町内会等整備要領」（1940年9月11日、内務省訓令17号）を読む─地域社会の「負の遺産」を理解するために─.新潟青陵学会誌第3巻第2号;2011:11-15 に加筆のうえ改題。

第3章　望ましい地域社会としての「コミュニティ」─「負の遺産」清算過程という側面から─.新潟青陵学会誌第4巻3号;2012:1-10 に加筆のうえ改題。

第4章　個人の発達・成長と「福祉のまちづくり」─仙台市における生活圏拡張運動（1960年代末〜）から学ぶもの.富山大学人間発達科学部紀要第1巻第1号;2006:43-51に加筆のうえ改題。

第5章　別府市における「福祉のまちづくり」─その源流と課題─.富山大学人間発達科学部紀要第1巻第2号;2007:19-26 に加筆のうえ改題。

第6章　「福祉コミュニティ」調査法－自分自身の『専門家』となるために－.新潟青陵学会誌創刊号第1巻1号;2009:1-8に加筆のうえ改題。

第7章　岡村社会福祉論の論理構造と課題－「社会福祉原論」（1983年）を通じて－.新潟青陵学会誌第7巻3号;2015:1-11に加筆のうえ改題。

終章　「社会関係の主体的側面」を貫く「福祉コミュニティ」概念の再構成─岡村重夫「地域福祉論」（1974年）の批判的検討を通じて─.新潟青陵学会誌第8巻第3号;2016:1-10に加筆のうえ改題。

補章　北海道屯田兵制度による「地域」と「家族」の形成－S屯田兵村を事例として－.愛知県立大学文学部論集第40号;1992:53-86に加筆。

　なお、第4章および第5章は、平成16年度〜18年度科学研究費補助金（基盤研究C-2)「福祉コミュニティの研究－身体障害者福祉モデル都市事業の検討を中心として─」（研究代表・平川毅彦）、また補章は平成2〜3年度科学研究費補助金（総合研究A)「北海道移住と定着過程の社会学的研究」（研究代表・米村昭二）によるそれぞれの調査研究をもとに執筆したものである。

第1章
二本立てのコミュニティ論と地域福祉

I　はじめに

　2000（平成12）年の社会福祉に関する基本法（社会福祉法）の改正に伴い、地域福祉もその意味内容を根本的に変えざるを得なくなった[1]。措置を中心とした福祉施策に慣れ親しみ、地域社会などと無縁であった生活施設（全制的施設）[2]、は「地域社会への貢献」を要請されるようになった。また、地域福祉の担い手を自負してきた社会福祉協議会は、NPO法人や各種の会社組織といった新規参入者との競合関係に直面せざるを得なくなる。福祉から見た地域社会とはいかなるものか。その意味内容が根底から問われている。

　一方、大量かつ異質性の高い人口の密集状態によって、伝統的な地域社会の解体を前提とする都市社会における社会学的研究にあっては、自助および互助による各種社会的サービスが公的かつ専門的なそれに取って代わられることの意義と、そうした専門的社会サービスを補いつつ新たな地域社会を再構築する手立てが捜し求められてきた[3]。とりわけ、都市社会においても例外なく進行する人口高齢化といった事実を背景として、また身体障害者[4]の自立生活運動に代表される生活要求行動に対応して、都市社会における福祉のあり方は早急に解決を必要とする検討課題とされている[5]。

　こうして社会福祉学と社会学との間には、地域社会と福祉サービスといった共通の検討課題が存在していることが明らかになる。しかし、Scienceとしての社会学と、Artとしての社会福祉学との共同が求められているとはいえ[6]、両者の間に横たわる文化的差異[7]を埋めようとすることは容易でなく、かつ生産的な議論とはなりにくい。両者が問題を共有し得ないことを確認して議論を終了させかねないからである。しかし、こうした結末は、生活上の支援を実際に必要としている人々にとって何ら生産的でないことは明らかである。

社会福祉と（都市化された）地域社会。社会福祉学から語られる言葉と社会学から見える世界は全く別物であり、両者に対話の余地など無いのかもしれない。しかし、今日の社会福祉学と地域社会を結びつける鍵概念のひとつである福祉コミュニティを詳細に検討するとき、それは社会学における「都市コミュニティ論」の批判的摂取によって形成されている。一方で「高齢障害者」[8]をはじめとした、生活上の支援を必要としている人々への専門的サービスのネットワークである福祉コミュニティの形成がある。他方で、普遍的価値意識と主体的行動体系によって特徴付けられる住民から構成される、「地域コミュニティ（コミュニティ型地域社会）」形成がある。「二本立てのコミュニティ論」という社会福祉学と社会学との間での共生関係が成立する可能性が示唆されている。

II　岡村社会福祉論と今日の社会福祉制度

　生活困難・生活問題を抱えた個人の日常生活の場としての地域社会において、そうした人々が置かれた社会状態を自立に向けて支援すること、それが最も限定された意味での「社会福祉」である[9]。ここでの日常生活の場としての地域社会の大部分は、伝統的な意味での家族や地域共同体による福祉的機能の無力化によって生まれた、「都市化された地域社会」であると言っても過言ではない。そして生活施設、あるいは居宅における施設的処遇へと矮小化された在宅福祉ではなく、「地域福祉」こそが今日における社会福祉活動の中心とならなければならない。

　こうした発想を理論化したものが岡村重夫による福祉コミュニティ形成を核とした地域福祉論[10]であり、「二本立てのコミュニティ論」[11]である。生活困難を抱えた当事者を中心として、支援者そして支援組織へと拡がるネットワーク構造を持つ福祉コミュニティは、1960年代末より仙台市を中心として展開した「生活圏拡張運動」、また1970年代に岡崎市ですすめられた「福祉のまちづくり運動」においてその萌芽形態を確認できる。都市行政における福祉施策として展開する中で形骸化しがちである、という課題も析出されている[12]。しかし、社会学におけるコミュニ

ティ定義の多様性[13]と同様に、一般に使用される福祉コミュニティ概念はきわめて拡散していると言わざるをえない[14]。こうした問題点を回避し、議論を生産的な方向へと向けるため、まず岡村社会福祉論の枠組みを明確にし、今日の社会福祉制度との関係性を検討する必要がある。

一人ひとりの個人と社会との関係によって生活は規定されており、都市化された現代社会における個人と社会との関係は、分業化された複数の社会制度との関係性として実体化する。つまり、経済・職業・家族・医療・教育・社会参加・文化娯楽という主要な社会制度との関係を、個人は自ら整序することによって日常生活を営んでいる。しかし、こうした整序が自助努力によって、あるいは家族や近隣といったインフォーマルな関係を用いても修復できなくなった場合、こうした日常生活上の問題解決を目的とした専門的制度が必要になる。しかも、サービスを提供する側（社会関係の客体的側面：制度⇒個人）からではなく、サービスを利用する個人の側（社会関係の主体的側面：個人⇒制度）から、こうした各種サービスを効果的に使うことができるようにコーディネートする、あるいは各種サービスの欠陥や欠損を指摘して社会に対して働きかける、こうした業務を遂行する専門家が必要である。福祉に関する制度や政策もまた、こうした生活の現場を起点として形成・実行されなければならない[15]。以上が、岡村による「社会福祉固有の視点」[16]であり、こうした社会福祉的支援活動を最前線で担うのがソーシャル・ワーカーという専門職である（図1-1）。

社会福祉が、一部の人々のみを対象とし、日常生活から引き離された生活施設で、しかも一般の人々よりも低い生活を強いられる劣等処遇が当然とされるような考え方からは、こうした発想を導き出すことは難しい。しかし、若年にして身体や知的・精神等々の社会的ハンディキャップを負っている、あるいは加齢に伴ってこうした障害を持つことになった人々の生活上の課題は、家族や近隣といった日常生活の場で発生している。そうした人々を施設や病院に長期にわたって隔離・収容することは問題の根本的な解決にはならないのであり、問題発生の場でもある地域社会での解決が必要である。

図1-1　7つの社会制度と社会関係の主体的側面

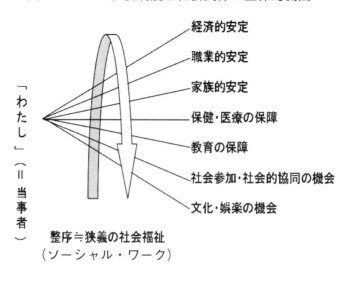

このような「施設から地域へ」という発想は、社会福祉が一部の人間を対象とした特別な制度、という考え方に修正を迫る。世帯規模が縮小し、高度に分業が進んだ現代の都市社会にあって、日常生活を自らの力だけで整序することが不可能になることは、誰にでも起こりうる。従って、社会福祉という制度は日常生活を営むすべての人々にかかわるものであり、全住民によって支えられなければこうした制度の維持・存続は不可能である。

このようにすべての人々を対象とし、その制度を維持するために全住民にひろく参加を求めるようになる。社会福祉は上から与えられるものではなく権利となる。サービスの提供者と利用者との間には「対等な関係」が求められる。さらに、利用者はそのサービスに不満を感じた場合、あるいは必要とされているサービスが存在していない場合、泣き寝入りすることなく、それらを改善あるいは新設のための要求をすることができる。要するに、「社会福祉は生活困難の当事者による自発的な解決を援助する行為と制度」であり、「その生活問題の解決法は、平均的な日本人が毎日、自分の生活問題を解決しているやり方をモデルとする」[17]。

以上が岡村社会福祉論の概略である。岡村自身による理論構築は1950年代からなされており[18]、あくまで数ある社会福祉論のなかの代表的なひとつである[19]。しかし、生活困難をかかえた個人から出発し、その生活困難を生じさせる背景として分業化・都市化された現代社会を原因と位置づけ[20]、日常生活空間としての地域社会における問題解決と、全住民を対象とした制度構築といった特徴を列挙するとき、われわれが介護保険制度や障害者総合支援法に代表される今日の社会福祉を考察する際の大きな理論的背景となっていることは自明である。そして、この岡村福祉論の実践的側面は福祉コミュニティにおいて、より具体的なものとして展開される。

Ⅲ　福祉コミュニティの論理構造と地域福祉

　図1-2は、T養護学校（現、特別支援学校）卒業を目前にした、高等部3年生A君の「地域社会移行支援プラン」概念図である[21]。ハンディキャップを持つ生徒本人が、利用事業所、職業訓練担当者、養護学校進路指導教諭、サービス提供事業所、行政等々を相談支援専門員（ソーシャル・ワーカー）によるコーディネートで、卒業後も家族とともに地域社会で日常生活を営んでいこうとするプランである。各種のサービスを提供する側ではなく、あくまでこれらを利用する当事者個人を中心として描かれている。岡村によって提唱された福祉コミュニティの実例である[22]。

　近隣や自治体等といった一定の空間的広がりとそこに居住する住民から構成される地域社会ではなく、個々人の生活状態を踏まえたオーダーメイドによる一人称単数の「わたし」を中心に据えたもの、それが福祉コミュニティ本来の姿である。社会学者がイメージする集合体としてのコミュニティに対し、福祉コミュニティは具体的なひとりの要支援者を起点とする。そしてこれは、専門的ソーシャル・ワークを基盤とした岡村の「社会福祉のための地域社会論」、つまり「地域福祉論」から理論的に導き出されたものである。岡村はこうした地域福祉の意義を以下のように要約する。

図1-2 福祉コミュニティの実例

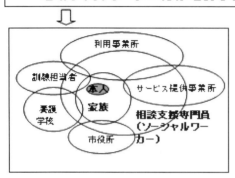

(1) 社会福祉の基本的な機能を発揮し、その目的を達成するためには、その志向は、生活問題発生の根源としての地域社会に向けられねばならない。

(2) 保護事業としての社会福祉の保護対象者のもつ生活上の要求を真に充足するためには、地域社会において彼のもつすべての社会関係を維持・発展させるような形で援助をあたえなければならない。地域社会関係や家族関係を断ち切るような保護は、真実の社会福祉的援助にはなりえない。

(3) 問題発生後の事後的対策よりも、問題の発生を予防する対策の方が合理的であることはいうまでもない。社会生活上の困難の発生を未然に防止したり、早期に問題を発見して軽症のうちに解決するような予防的効果をもつ社会福祉を発展させるためには、社会福祉は全住民を相手とし、地域社会のなかに入りこんで、要求をつかみ、また地域社会における他の制度的機関とともに、地域社会施設の一部として組みこまれなくてはならない。

(4) 国民の生活問題にかかわる社会制度や社会的施策の立案、実施、

運営に対して、国民を効果的に参加させるためには、地域社会レベルにおける住民参加が必要である。社会福祉はその本質上、住民ないし援助対象者と同じ立場に立つものであるから、住民参加を援助するのに最もふさわしい地位にある。そして真に民主的な住民参加を可能にする地域社会こそ、社会福祉の最大の関心事である[23]。

　社会福祉の理念を実践するうえで、地域社会は決定的な意味を持っており、「地域福祉」は高齢者福祉や障害者福祉といった領域別福祉とは異なり、社会福祉そのものと言っても過言ではない。年金や医療、あるいは公的扶助制度等々も、地域社会において一人ひとりの日常生活を現実に支えることが出来ないのであれば、その存在意義を根底から問われる。しかし、このようにして重要な意味を担わされた地域社会がどのような理論的特徴を持ち、地域福祉実践のために何をしなければならないのかについて検討するためには、「わが国の社会学者のなかでも、注目すべき地域社会についての研究業績」[24]、すなわち奥田による「地域社会の分析枠組み」及び松原の「地域社会運動モデル」からの支援が必要であった[25]。

　岡村はまず、奥田による地域社会の分析枠組みに着目する（図1-3）。住民の意識体系としての「普遍化－特殊化」、同じく住民の行動体系としての「主体化－客体化」に着目し、それらの組み合わせにより「地域共同体」、「伝統的アノミー」（無関心型地域）、「個我」（市民化社会）、「コミュニティ」という4種類からなる地域社会の類型が導き出された。そして、「以上の４類型は、いわば理念型であって、現実の地域社会には、それら４類型の中間型ないし混合型もあるわけで、たとえば『コミュニティ』のなかでも、地域性が強いのに、普遍化的意識の弱いものは、ムラ的地域共同体に近いものであり、地域的なまとまりや地域的拘束力は弱いが、普遍的価値意識ないし権利意識の強いものは、『市民化社会』に近いわけである。同様にして他の三つの類型の中間型も多数考えることができる。しかし以上の４類型は、現実の地域社会の分析モデルとして役だつことは事実であって、地域社会を漠然と単なる場所や地域的空間と

規定する素朴な認識を克服するうえに有用」[26]と評価する。

図1-3　地域社会の分析枠組み（奥田;1971:139）

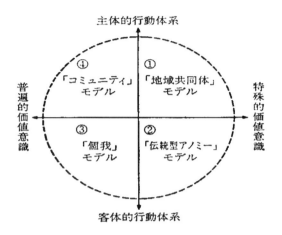

次に岡村は、松原による「団地自治会型」、「市民運動型」、「コミュニティ運動型」からなる「地域社会運動モデル」に着目する[27]。「社会福祉活動の基盤としての地域社会に関心をもっているのであるから、住民の生活要求を民主的、合理的に解決するための地域社会として、いずれの類型のものが望ましいか、換言すれば地域福祉のための地域社会モデルを前述の地域社会の類型を使って明確にすること」[28]が必要だからである。そして、「コミュニティ運動型」の場合、「住民が日常的な地域生活において経験する不満や要求は、まさに地域問題としてとりあげられ、それが多数の住民に共通するばあいはもちろんのこと、少数者の問題であっても、それが地域社会にとって無関心でいられないような不満や要求は、地域社会問題として社会化される。つまり社会的解決を必要とする問題として、地域社会自身によってとりあげられるが、この過程において、各種の要求は地域自身の資源によって解決できるもの、行政機関への要求によって解決できるもの、広汎な市民運動に訴えなければ解決できないもの、というように分類され、それに応じて問題解決にふさわ

しい地域組織が発展」し、「地域住民が地域組織に参加して、解決行動にかかわる過程において、市民としての社会的権利や連帯意識、さらには生活主体としての個人の尊厳や社会的存在としての人間の本質というような社会的・個人的な価値意識の転換や新しい価値意識の体得または向上を期待するもの」[29]にまで高められる。

　奥田の地域社会類型からは、いかなる地域社会のタイプが社会福祉実践をすすめるうえで望ましいのかが明らかになる。また、松原の地域社会運動モデルからは、住民の各種要求をどのような運動として展開するべきかを得ることができる。漠然とした空間としての地域社会や、センセーショナルな要求行動のみに目が向きがちであった住民運動を類型化し、望ましいとされる方向性を示したという点で、こうした社会学研究の成果は地域福祉の展開に大きく貢献した。

　しかし、ここで検討されなければならない地域福祉とは、漠然かつ素朴なものではない。現代社会の都市的環境下にあって、個人の自助努力や家族等によるインフォーマルな支援だけでは解決できない生活上の課題を、日常生活の場としての地域社会において、専門家との共同作業によって解決するためには、またはそうした課題発生を未然に防ぐには、いかなる方策が必要とされるのか。さらに、社会福祉の専門家であるソーシャル・ワーカーが実際に講じなければならない支援の姿とは、どのようなものでなければならないのか。残念なことに社会学にとどまり続ける限り、こうした議論を展開することは難しい。社会学のコミュニティ論ではなく、「社会福祉のためのコミュニティ論」が必要となる。「入れ物としての地域社会」から、「一人ひとりの個人の日常生活を成立させる条件としての地域社会」へと視点が移動するとき、特定個人の生活課題解決を志向する社会福祉学へのスライドなしでは、充分な検討ができないのである。

　社会学の研究成果として導き出された、「望ましい」地域社会や住民運動の類型は、普遍的価値意識に象徴されるように、大多数の住民に共通する「望ましさ」である。しかし「社会福祉は、かつての救貧事業ではないとしても、しかしそれは本質的に住民の生活上の現実的および可能

的困難を援助する制度的体系であるから、常にその関心は、生活上の不利条件をもつ老人、児童、心身障害児者、母子家庭、低所得者、反社会的行為者等、少数者集団のひとびとに向けられるのは当然である。これらのひとびとの生活上の要求は、地域社会の多数をしめる住民のための一般的サービスや環境条件の改善だけでは、充足されないものである。また一般的コミュニティにおいてみられる自然発生的な相互援助は、彼らをコミュニティの一員として受容し、支持するものではあっても、それによって何らかの特殊サービスとしての具体的な援助を期待しうるものではない」[30]。

　気安く声をかけたり、町内会の行事等にも参加するように働きかけることはできるかもしれない。しかし、心身に障害を持つことを理由として、近隣の学校に通うことが許されず、自宅から遠く離れた養護学校（特別支援学校）で高校卒業まで過ごした者が、何の手立てもなく、卒業後に地域社会の一員としてすぐに受け入れてもらえるだろうか。また、同じ住民として受け入れてもらうことが出来たとしても、それだけでは彼／彼女の日常生活上の介助[31]や、仕事・余暇活動等々を、親や兄弟に頼ることなく自分の意志にもとづいて展開することは不可能である。さらに、施設での長期にわたる生活に適応した利用者が、即座に地域社会での生活を営むことが可能だろうか。「だれでも同じ住民として受け入れることができるようにすること」と、「日常生活の場において専門的な福祉サービスを受けて生活すること」という二元的な発想が地域福祉には必要なのである。

　こうして、福祉コミュニティが登場する。「これらの生活上の不利条件をもち、日常生活上の困難を現に持ち、または持つおそれのある個人や家族、さらにはこれらのひとびとの利益に同調し、代弁する個人や機関・団体が、共通の福祉関心を中心として特別なコミュニティ集団を形成する必然性をみとめることができよう。これをいま『福祉コミュニティ』とよぶならば、それは前述してきた『地域コミュニティ』［コミュニティ型地域社会］の下位コミュニティとして存在し、両者のあいだに密接な協力関係のあることが望ましい」[32]。

福祉に多くの予算を割いている自治体を示しているわけではない。ボランティア活動が活発な町内会でもない。障害当事者によって組織される団体そのものを示すものでもない。本章のはじめに示したように、福祉コミュニティとは、心身の障害をはじめ、さまざまな社会的ハンディキャップを背負わされた具体的な個人が、日常生活の場としての地域社会において、必要なサポートを受けるためのネットワーク[33]であり、そうしたネットワークを形成すること、つまり「福祉組織化活動」は対象者を直接支援するソーシャル・ワークの一技法（Art）なのである。

他方、こうしたサポートネットワークからなる福祉コミュニティを排除することなく受け入れるような住民から構成される地域コミュニティを形成するのが「一般的地域組織化活動」である。こうした支援が必要なこと、あるいは実際に支援を受けていることを理由として地域社会から排除するのではなく、同じ住民として受け入れを可能にすること、つまり支援を受けている個人の全般的な地域社会環境を整えるという意味で、この一般的地域組織化活動は対象者を間接的に支援する手法とみなすことができる。

一般的地域組織化活動が進展している地域社会において、福祉組織化活動の展開は容易である。福祉的支援を受けることは当たり前のことであり、またそうした支援を受けていたとしても、同じ隣人であることに何ら変わりは無い。支援を受けることをためらう当事者の背中を近隣の住人が押してくれる。本人や家族が気づく前に生活上の問題を早期発見する。問題発生の予防策について啓発活動を展開する。支援ネットワークとしての福祉コミュニティ構成員として参画する住民も出てくることであろう[34]。

しかし、一般的地域組織化活動をもって福祉組織化活動に代えることは出来ない。地域組織化活動が進展したからといって、それだけでは個別の支援活動が進んだことにはならないからである。また、地域組織化活動を進めにくい地域社会だからといって、福祉組織化活動を断念する理由とはならない[35]。さらに、福祉組織化活動は一般的地域組織化のための核にもなりうる。普遍的価値意識と主体的行動体系に基づき、彼／

彼女を同じ隣人として排除することなく受け入れることのできる地域社会を形成するための起点としてである。福祉コミュニティ形成を目指す「福祉組織化活動」と、そうした福祉コミュニティ形成促進のための「一般的地域組織化活動」という「二本立てのコミュニティ論」、それが「地域福祉」である。そして何よりもまず、福祉コミュニティが形成されなければならない。

Ⅳ　福祉コミュニティの展開と課題

　福祉、地域社会、そしてこの二つを結び付ける地域福祉に関して、社会学と社会福祉学における文化的差異を意識しながら検討してきた。現状を認識し類型化を行い、「望ましい」社会状態を検討するための理論構築を志向する社会学と、生活問題・生活課題を抱えた個人が、社会に偏在する各種資源の動員によって自分自身で解決できるように支援する方法を検討する「社会福祉」（専門的ソーシャル・ワーク）との違いである[36]。そして地域社会における福祉実践を展開しようとする際に、社会学の業績から考察の手がかりを得て、社会福祉における地域社会論、つまり地域福祉論と、そこでの鍵概念となる「福祉コミュニティ」が構築されたのである。そこで最後に、今日における福祉コミュニティの展開と課題について更なる考察を加えることで、社会学への貢献の可能性を論じてみたい。

　愛知県知多半島地区で、障害者の地域生活支援事業を展開するソーシャル・ワーカー戸枝は、スウェーデンの福祉行政官であるNirjeによるノーマライゼーション理念[37]をもとに、地域社会でこうした発想を展開する見取り図を以下のように描く（図1-4）。地域生活支援システムは、支援当事者を中心として、「基本的な支援」と「暮らしを包み込む支援」という2つの円から構成される[38]。

　まず、日常生活を維持する上で欠くことのできない支援である「基本的な支援」は、①居住支援（一人暮らし支援・グループホーム・在宅支援）、②就労支援（通所施設・デイサービス）、③余暇・社会参加支援（移

第1章　二本立てのコミュニティ論と地域福祉

図1-4　地域生活支援システムの可能性（戸枝;2006:58）

動支援・本人会支援・情報提供支援）から構成される。次にこの「基本的な支援」を支える、あるいはさらに充実したものとするのが「暮らしを包み込む支援」であり、④所得保障、⑤権利保障、⑥医療保障、⑦家族援助、⑧相談支援、⑨地域の意識改革、⑩人材育成機関から構成される。

　戸枝による地域生活支援システムは、先に触れたような「経済的安定」「職業的安定」「家族的安定」「保健・医療の保障」「教育の保障」「社会参加・社会的協同の機会」「文化・娯楽の機会」という7種の制度との社会関係から生活が構成されるとする岡村の発想を、今日的な文脈に沿って読み直し、展開したものである。とりわけ、病気等のために支援が出来なくなった家族成員に代わって、一時的に支援を行うレスパイトサービスに代表される「家族支援」は、支援を必要としているのが「当事者」

だけではないことを明らかにしている。また、「地域の意識改革」や「人材育成機関」といった要因は、「福祉コミュニティ」と「地域コミュニティ」との架け橋である。前節で紹介した養護学校生の地域生活移行プランで示された福祉コミュニティの形態を、さらに展開させた完成度の高いものといえる。

　地域福祉は、福祉コミュニティを形成する福祉組織化活動と、こうした福祉コミュニティ形成を促進する地域コミュニティ形成を目指す、一般的地域組織化活動という、「二本立てのコミュニティ論」から構成される。しかしここでの目的は、あくまで要支援者の地域生活を支えることである。日常生活の場で、生活上の課題・困難を抱える一人ひとりの支援に直面し、その解決を目指すプロセスで福祉コミュニティは形成される。さらに一般的地域組織化活動の展開が追い風となれば申し分ない。しかし、生活は待つことが許されない。障害を持つ児童は「おとな」になり、学校教育の枠組みから卒業しなければならない。加齢プロセスで、認知症等により初めて「障害者」になった者への支援開始を引き伸ばすことは、本人はもとより、家族にも過剰な負担をかける。一般的地域組織化は福祉コミュニティ形成後でもかまわない。さまざまなハンディキャップを持つ人々が、地域社会において日常生活を営むことができるようになること、それは彼ら／彼女らを排除することなく、普遍的価値意識と主体的行動体系に支えられた多様な住民によって構成される「コミュニティ」を目指す一般的地域組織化への原動力になるからである。

　しかし、福祉コミュニティ形成を目指す福祉組織化活動と、望ましい地域社会としての「コミュニティ」形成を志向する、一般的地域組織化活動から構成される地域福祉が、これだけで完結するわけではない。地域社会という限定された領域だけで社会福祉という支援は成立し得ない。戸枝による地域生活支援システムに立ち戻るなら、支援は日常生活の場としての地域社会において現実化されなければならない。日常から引き離された全制的施設に収容することで、問題を封じ込めてきたそれまでの福祉に対する反省からである。しかし、「暮らしを包み込む支援」における所得保障や権利保障、医療保障は言うまでもなく、「基本的な支

援」の背景となる制度的枠組みも、少なくとも国レベルでの視点・視野が必要とされる。さらに、制度的枠組みを使用して、日常生活の支援を行う際に避けて通ることの出来ない官僚制の逆機能、例えば縦割り行政による生活の分断化、パーソナルネットワークの広がりと行政の範域とのズレ、そしてこれらが重なり合うことで引き起こされる生活支援の硬直化による「地域社会の施設化」という面も考慮しなければならない。

　専門的ソーシャル・ワーク実践を核とした「社会福祉」、そしてこうした社会福祉理念を実現するための「福祉コミュニティ」は、社会学からの強い支援のもとで自立を果たした。Scienceとしての社会学が存在するからこそ、Artとしての社会福祉学は、都市化された地域社会に生活困難を抱えた人々への支援の場所を見出し、実践する術を獲得することが出来た。こうした社会福祉の実践活動により、都市化した地域社会の解体にブレーキがかけられているのか。あるいは社会福祉の実践活動などを無力化するほど、都市社会は強大なのだろうか。それとも、「下位文化」となって顕在化した福祉コミュニティに、逸脱のレッテルが貼られているのだろうか。「社会」福祉であり、「地域」福祉である。地域福祉における実践を把握・分析し、都市化された地域社会に関する理論化を図る、それが社会学へと引き渡されるバトンである。

[注]
1)　社会福祉法第4条「地域住民、社会福祉を目的とする事業を経営する者及び社会福祉に関する活動を行う者は、相互に協力し、福祉サービスを必要とする地域住民が地域社会を構成する一員として日常生活を営み、社会、経済、文化その他あらゆる分野の活動に参加する機会が与えられるように、地域福祉の推進に努めなければならない。」
2)　Goffman;1961.
3)　倉沢;2002.
4)　「害」の字を嫌い、「障がい者」「障碍者」へと言い換えを求められる場合が少なくない。しかし、問題の本質を見失わないために本書ではあえて「障害者」と表記している。
5)　中西・上野;2003.

6) MacIver;1931.
7) こうした文化的差異は、社会学と社会政策学との間にも存在する（富永;1995:63）。そして、社会政策学とここでの社会福祉学との間にも同様の違いがあることは言うまでもない。
8) 認知症や脳血管疾患等々のため、高齢になってからはじめて障害者になった者のことである。高齢障害者という概念を手に入れることで、「高齢者問題」の意味内容が明確になるばかりでなく、一般に障害者とされている者の大部分が「若年障害者」であることが分かる。
9) ここにおける自立とは、伝統的な意味での「すべて自分自身で行う」というものではない。他者の手を借りたとしても、自分自身の意志によってそれを決定する、それがこの文脈における「自立」である。
10) 岡村;1974.
11) 岡村;1976:81.
12) 平川;2004,同;2006,同;2007.
13) Hillary;1955.
14) 「福祉コミュニティの概念」は「厄介な代物で、幾通りにも解釈され、立場が異なると、その理解もまるで違ったものになる」（牧里;1994:82）とされるように、福祉コミュニティはきわめて多義的な概念であるとされている。しかし、本論ではこの概念をはじめて提示した岡村にそって、きわめて限定された概念として用いている。
15) 福祉施設管理部門や担当機関の窓から見える風景が「社会関係の客体的側面」であるとするなら、福祉を利用する個人の目に映る、あるいはそうした利用者と肩を並べる者が見つめる景色が「社会関係の主体的側面」である。
16) 岡村;1979.
17) 岡村;1983:146.
18) 岡村;1956.
19) 社会福祉学の領域では、岡村のように現場におけるソーシャル・ワークを中心とした社会福祉論を、「機能論」ないし「技術論」とする。また社会構造上の課題として、社会福祉論を構築する「制度・政策論」との立場の違いを明確にすることが少なくない（三浦・宇山;2003:37-44）。そして、このような違いは、「地域福祉」についても同様である。本論で展開されるものは、様々なハンディキャップを抱えた当事者個人の生活、すなわち「社会関係の主体的側面」から出発する岡村流の地域福祉論である。
20) 岡村の「都市」に関する認識はきわめてWirth（1938）に、すなわちオーソドックスな都市社会学の発想と類似したものであり、こうした認識に基づいて岡村の社会福祉論が組み立てられている。「特に都市社会福祉運営の立場からみ

て重要な点は、生産年齢人口の移動率が高いこと、家族形態において核家族的形態が支配的であること、住民の社会結合様式が利益社会的結合であり、生活上の要求が分業的社会制度によって分化的に充足せられるという点をあげることができよう。このことは都市における社会福祉が家族的扶養を前提とする救貧事業の原則の放棄の必要性を意味するのみならず、自然発生的相互扶助から計画的、合理的な社会福祉制度への転換、従ってまた市民の最低生活に関連するあらゆる社会制度と社会福祉制度とが一貫的総合的に運営せられねばならないことを意味する。相互に相知ることのない個人が、異質的な利害関係をもちながら、狭い地域に密集して生活している都市[中略]では、市民は人格的、直接的に結ばれるのではなく、かれらの生活に関連する社会制度を媒介として、間接的、機能的に結ばれるのであるから、都市生活を支配する原理は、制度の機能的能率ということである。[中略]都市社会福祉とは、単に都市における貧困者を救済する保護事業につきるものではなく、さまざまの複雑、巨大な都市的社会制度の分業的能率の原理のために個人が支配せられることによって、いまや生活の全体的見透しを失った都市生活の分裂的様相を問題にするようなものでなければならない。ここに社会保障と区別せられた意味での社会福祉が、都市社会において恰好の活動場面をみいだす必然性がある」（岡村;1970:85-86）

21) データを快く提供していただいたT養護学校進路指導S教諭、そしてこうした支援プランの実践を紹介していただいたMソーシャル・ワーカー、Tソーシャル・ワーカー、そして「WEEネットとやま」（福祉・教育・雇用関係者による研究会）の皆さんに感謝します。こうした出会いから「福祉への社会学的視座」（平川;2004:12）を構築することが出来たと言っても過言ではない。

22) 地域集団としてのコミュニティという社会学的発想に慣れ親しんだ者にとっては違和感を持つであろう。この感覚は、社会学と社会福祉学との間で生じる文化的摩擦の一事例として理解することができる。

23) 岡村;1974:10-11.

24) 岡村;同:12.

25) 奥田;1971,松原;1971.

26) 岡村;前出:16.

27) 松原;前出:366.

28) 岡村;前出:16-17.

29) 岡村;同:19.

30) 岡村;同:69.

31) 支援を受ける者が主体である「介助」と、支援者が中心の「介護」とは異なる。本書で使用するのは「介助」である。

32) 岡村;同:69.

33)　ただし、ここでのネットワークとは、単なる個人から構成されるようなパーソナルネットワーク（Boissevain;1974）とは性質を異にしている。つまり、支援を必要とする制度や機関の担当者といった役割を遂行する個人が、福祉コミュニティというネットワークで重要な存在になっているからである。
34)　福祉コミュニティは専門的な支援を提供するネットワークであるが、「福祉はプロの仕事」として一般住民を構成員から排除（木原;2006:1）するようなものではない。また、一般住民を寄せ付けないような支援ネットワークは、近隣住民から、従って地域社会から孤立することで、あるいは地域社会との緊張関係を引き起こすことで、充分な支援活動すら行うことが出来なくなるであろう。
35)　こうした議論を展開していくと、アーバニズムの下位文化理論（Fischer;1976）とは別のモデルを提示することができる。福祉コミュニティが一種の下位文化であるとするなら、その成立のために大量人口の集積を待つことが出来ないような地域社会もあるからである。
36)　ただし、社会学や心理学といった既存科学から、「科学としての社会福祉学」として独立を目指す動きは一貫して存在している（古川;2008:215）。
37)　本書では引用や著作名を除き「ノーマライゼーション」で統一した。ノーマライゼーションもまた多義的であり、誤って使用されることが少なくない概念である（平川;2002）。また、「都市的生活構造」（森岡;1984）との関連でこのノーマライゼーションを検討することも必要であろう。
38)　戸枝が影響を受けたスウェーデンの福祉行政官Nirjeによるとされる「ノーマライゼーションの詩」は、Perske & Perske（1980:20-21）に収録されたものである（原文はNational Institute on Mental Retardation;1981:52-53）。生活上のハンディキャップを持つ人々が、そうでない人々と同じような生活を営むことができるように、社会環境を「ノーマル」なものとするべく個人・社会双方に向けて支援すること、それが狭義の社会福祉（＝ソーシャル・ワーク）である。本論における福祉コミュニティの意味内容を更に明らかにするため、以下に引用しておきたい。

　　　ノーマライゼーションとは、一日の普通のリズム
　　　朝ベッドから起きること
　　　たとえ君に重い知的障害があり、身体障害者であっても、洋服を着ること
　　　そして家を出、学校か、勤めに行く
　　　ずっと家にいるだけではない
　　　朝、君はこれからの一日を思い、
　　　夕方、君は自分のやり遂げたことをふりかえる
　　　一日は終わりなく続く単調な24時間ではない

君はあたりまえの時間に食べ、普通の洋服を着る
幼児でないなら、スプーンだけで食べたりしない
ベッドではなく、ちゃんとテーブルについて食べる
職員の都合で、まだ日の暮れぬうちに夕食をしたりはしない

ノーマライゼーションとは、一週間の普通のリズム
君は自分の住まいから仕事場に働きに行く
そして、別の所に遊びに行く
週末は楽しい集いがある
そして月曜日にはまた学校や職場に行く

ノーマライゼーションとは、一年の普通のリズム
決まりきった毎日に変化をつける長い休みもある
季節によってさまざまな食物、仕事、行事、スポーツ、余暇の活動が楽しめる
この季節の変化の中で私たちは豊かに育てられる

ノーマライゼーションとは、あたりまえの成長の過程をたどること
子どもの頃は夏のキャンプに行く
青年期にはおしゃれや、髪型、音楽、異性の友達に興味を持つ
大人になると、人生は仕事や責任でいっぱい
老年期はなつかしい思い出と、経験から生まれた知恵にあふれる

ノーマライゼーションとは、自由と希望を持ち、
周りの人もそれを認め、尊重してくれること
大人は、好きな所に住み、自分にあった仕事を自分で決める
家にいてただテレビを見ていないで、友達とボーリングに行く

ノーマライゼーションとは、男性、女性どちらもいる世界に住むこと
子どもも大人も、異性との良い関係を育む
十代になると、異性との交際に興味を持つ
そして大人になると、恋に落ち、結婚しようと思う

ノーマライゼーションとは、平均的経済水準を保証されること
誰もが、基本的な公的財政援助を受けられ、そのための責任を果たす
児童手当て、老齢年金、最低賃金基準法のような保障を受け、

経済的安定をはかる
　　自分で自由に使えるお金があって、必要なものや好きなものが買える

　　ノーマライゼーションとは、普通の地域の普通の家に住むこと
　　知恵遅れだからといって、20人、50人、100人の他人と大きな施設に住むことはない
　　それは地域社会から孤立してしまうことだから
　　普通の場所で、普通の大きさの家に住めば、
　　地域の人達の中にうまくとけ込める

さらに、Perske & Perskeは、上記の詩を紹介した後で、皮肉をこめて「施設生活の詩」を以下のように記している。

　　午前5時起床，職員交替時間の7時までに，洋服を着せられ，食事をさせられる
　　職員の都合の良いように，早く寝る
　　いつでもグループの一員として見られ，個人としては全く見てもらえない
　　食事，睡眠，休息，仕事はすべて壁に囲まれた同じ場所でする
　　その「施設」の制服を着る
　　食事はだだっぴろくて，いやな匂いのこもった食堂でする
　　またはベッドに寝たままで食事が与えられる
　　グループのスケジュールを乱さぬために早く食べるよう強制される
　　絶対に一人だけで，部屋にいることは許されない
　　心の中では職員と平等であれば良いのにと願っているのだが，いつも職員の方が偉いと感じている
　　週給わずか1ドルで洗濯場で働く
　　それもお金はまかせられないと思われているので，クーポンで支払われる
　　施設の牧師から職員の手伝いをしたり，一生懸命働けば，いつかはそこから出られると言われている
　　職員は長所を見つけようとしないで，病気や，短所ばかり探し続ける
　　自分で何かを決めることはめったに許されない
　　家族は「義務教育」のための税金を払っているのに，それを受ける権利をとりあげられている
　　何か新しいことに挑戦しようとしても，周囲の人達はあまり期待していないことに気づき，傷つく
　　普通の地域に住んでいる人達とつきあう機会はほとんどない

異性とは別々に住んで，会うことはない
個人的に車に乗せてもらうことは施設の規則で禁じられている
政府支給のインスタント食品（ホットドッグ，ベークドビーンズ，ポテトチップス，粉末ジュース）などをいつも食べさせられている
療育活動もないまま，デイルームに長時間座っていなければならない
施設名が横に書いてあるバスに乗って旅行をする
若いうちに死ぬだろうと周りの人は誰もが思っている
そして，施設の共同墓地に葬られ，墓石にはあなたの名前ではなく，患者番号が書かれる
（白井・山本・渡辺訳;2000:13-14）

[文献]

Boissevain,Jeremy. Friends of Friends ; Networks , Manipulations and Coalitions : Oxford Basil Blackwell;1974（岩上真珠・池岡義孝訳.友達の友達—ネットワーク，操作者,コアリッション:未来社;1986）.

Fischer ,Claude S. Toward a Subcultural Theory of Urbanism. American Journal of Sociology 80-6;1975:1319-1341（アーバニズムの下位文化理論に向けて.奥田道大・広田康生訳編.都市の理論のために—現代都市社会学の再検討—:多賀出版;1983:50-94）.

Goffman,Erving. Asylum;Essays on the Social Situation of Mental Patients and Other Inmates :Anchor Books;1961（石黒毅訳.アサイラム—施設被収容者の日常生活 - :誠信書房;1984）.

平川毅彦.ノーマライゼーション概念の形成と課題—グローバリゼーションとの関連において.平川毅彦・津村修編.グローバリゼーションと医療・福祉:文化書房博文社;2002:44-65.

平川毅彦.「福祉コミュニティ」と地域社会:世界思想社;2004.

平川毅彦.個人の発達・成長と「福祉のまちづくり」—仙台市における生活圏拡張運動（1960年代末～）から学ぶもの.富山大学人間発達科学部紀要.創刊号; 2006:43-51（本書第4章）.

平川毅彦.別府市における「福祉のまちづくり」−その源流と課題−.富山大学人間発達科学部紀要.第1巻第2号;2007:19-26（本書第5章）.

Hillery, George A.Jr. Definition of Community: Areas of Agreement.Rural Sociology 20;1955:111-123（山口弘光訳.コミュニティの定義 − 合意の範囲をめぐって − .鈴木広編.都市化の社会学（増補版）:誠信書房;1978:303-321）.

古川孝順.福祉ってなんだ:岩波書店;2008.

木原孝久.これが住民流「福祉のまちづくり」だ—ご近所パワーで助け合い起こし:筒井書房; 2006.

倉沢進.地域生活とコミュニティ.倉沢進・小林良二.地方自治政策Ⅱ　自治体・住民・地域社会（放送大学大学院教材）:日本放送出版協会;2002.

MacIver,R.M. The Contribution of Sociology to Social Work :Columbia University Press;1931（小田兼三訳.ソーシャル・ワークと社会学—社会学のソーシャル・ワークへの貢献:誠信書房;1985）.

牧里毎次.自治型地域福祉を語る—住民の主体形成と地域福祉計画—.月間福祉1994年6月号:全国社会福祉協議会;1994:78-83.

松原治郎.市民と市民運動.磯村英一他編.都市形成の論理と住民:東京大学出版会;1971:351-372.

三浦文雄・宇山勝義.社会福祉通論30講:光生館;2003.
森岡清志.都市的生活構造.現代社会学18;1984:78-102.
中西正司・上野千鶴子.当事者主権:岩波書店;2003.
National Institute on Mental Retardation. Orientation Manual on Mental Retardation.Revised Edition:Canadian National Institute on Mental Retardation;1981.
岡村重夫.社会福祉学（総論）:柴田書店;1956.
岡村重夫.地域福祉研究:柴田書店;1970.
岡村重夫.地域福祉論:光生館;1974.
岡村重夫.福祉社会の社会組織—社会福祉におけるコミュニティの在り方—.季刊社会保障研究.第11巻第3号;1976:78-82.
岡村重夫.社会福祉固有の視点.岡村重夫・高田真治・舩曳宏保.社会福祉の方法:勁草書房;1979:10-52.
岡村重夫.社会福祉原論:全国社会福祉協議会;1983.
奥田道大.コミュニティ形成の論理と住民意識.磯村英一他編.都市形成の論理と住民:東京大学出版会;1971:135-177.
Robert and Marhta Perske. New Life in the Neighborhood; How Persons with Retardation or Other Disabilities Can Help Make a Good Community Better: Abingdon Press;1980（渡辺歓持監修、白井裕子・山本千恵・渡辺季興子訳.やさしい隣人たち—共に暮らす地域の温かさ:星雲社;2000）.
戸枝陽基.ノーマライゼーションの詩2006 remix ver.:Snow Dream;2006.
富永健一.社会学講義　人と社会の学:中央公論;1995.
Wirth,Loui.Urbanism as a Way of Life. American Journal of Sociology 44-1;1938:1-24（高橋勇悦訳.生活様式としてのアーバニズム.鈴木広編.都市化の社会学（増補版）:誠信書房;1978:127-147）.

第2章
地域社会における「負の遺産」としての「訓令17号」

I　はじめに

　地域社会研究において日本の近現代史を遡る時、避けて通ることの出来ないもの、それが1940（昭和15）年9月11日に通達された「部落会町内会等整備要領」（内務省訓令第17号）である[1]。「隣保団結ノ精神ニ基キ市町村内住民ヲ組織結合シ万民翼賛ノ本旨ニ則リ地方共同ノ任務ヲ遂行セシムル為左ノ要領ニ依リ部落会町内会等ヲ整備セントス仍テ之ガ実績ヲ挙グルニ努ムベシ」（原文は縦書き、旧漢字は新漢字にて表記、以下同様）という前文で始まり全2条、官報の紙面で1頁足らずの訓令に基づき、地域社会を構成する中心組織としての部落会・町内会は国家体制に組み込まれた。敗戦後の1947（昭和22）年1月22日、内務省訓令第4号[2]によりこの要領は廃止、次いで日本国憲法が施行された同年5月3日、「政令第15号」により部落会・町内会には解散措置が下された。戦争協力組織としてのレッテルを張られ、財産の処分や役職者の就職禁止措置がなされた[3]。

　福祉や医療の文脈で地域社会がとり上げられる場合、生活施設（収容施設）や病院が持っている「全制的施設」[4]の対極にあるものとして描かれることが少なくない。「施設から地域へ」「地域で自立した生活を営む」等々の表現には、支援を受ける側である当事者が主体的に日常生活を営むことができる場として、地域社会への期待が込められ、その組織化について様々な議論がなされている[5]。しかし、地域社会を形成している歴史的地層には、国家戦時体制下における地域社会の組織化という事実がある。

　サンフランシスコ講和条約締結後の町内会復活を巡る論争[6]と町内会再評価[7]、高度経済成長期とその反省を背景とするコミュニティ形成論[8]、要支援当事者個人を中心として専門的サービスの提供と地域住民による間接的支援からなる福祉コミュニティ論[9]、そして今日、社会福祉法の基本理念にうたわれた「地域における福祉の推進」[10]へと至る道筋で、

「部落会町内会等整備要領」は常に亡霊のようにまとわりついてきた。この問題をどのように清算したら良いのか。この整備要領を地域社会の「負の遺産」とする所以である。「生活全般にわたる支援」は、「全生活上の管理」「地域社会の施設化」へと容易に転化しうる[11]。「負の遺産」を清算することは容易ではない。しかし、少なくとも亡霊の姿は明確にしておく必要がある。

II 部落会町内会等整備要領を読む

1940（昭和15）年9月11日、部落会町内会等整備要領（内務省訓令第17号）が通達された[12]。第1条でこの目的は以下のように記される。

　第一　目的
　一　隣保団結ノ精神ニ基キ市町村内住民ヲ組織結合シ万民翼賛ノ本旨ニ則リ地方共同ノ任務ヲ遂行セシムルコト
　二　国民ノ道徳的錬成ト精神的団結ヲ図ルノ基礎組織タラシムルコト
　三　国策ヲ汎ク国民ニ透徹セシメ国政万般ノ円滑ナル運用ニ資セシムルコト
　四　国民経済生活ノ地域的統制単位トシテ統制経済ノ運用ト国民生活ノ安定上必要ナル機能ヲ発揮セシムルコト

　国家の戦時協力体制を地域社会の末端に浸透させ、住民一人一人に至るまで部落会及び町内会という地域組織を用いて把握しようとする意図を、ここから読み取ることができる。日常生活としての地域社会は、国家戦時体制の末端組織としての部落会・町内会として再編成されることになったのである。
　次いで第2条の「組織」は、1.部落会町内会の組織形態について、2.下部組織としての隣保班について、3.市町村行政との関係性について、という3項から構成されている。全体を通じて、住民生活の末端にいたる国策への協力体制が明確に示されている。

第2章　地域社会における「負の遺産」としての「訓令17号」

第二　組織
一　部落会町内会
（一）市町村ノ区域ヲ分チ村落ニハ部落会、市街地ニハ町内会ヲ組織スルコト
（二）部落会及町内会ノ名称ハ適宜定ムルコト
（三）部落会及町内会ハ区域内全戸ヲ以テ組織スルコト
（四）部落会及町内会ハ部落又ハ町内住民ヲ基礎トスル地域的組織タルト共ニ市町村ノ補助的下部組織トスルコト
（五）部落会ノ区域ハ行政区其ノ他既存ノ部落的団体ノ区域ヲ斟酌シ地域的共同活動ヲ為スニ適当ナル区域トスルコト
（六）町内会ノ区域ハ原則トシテ都市ノ町若ハ丁目又ハ行政区ノ区域ニ依ルコト但シ土地ノ状況ニ応ジ必ズシモ其ノ区域ニ依ラザルコトヲ得ルコト
（七）必要アルトキハ適当ナル区域ニ依リ町内会連合会ヲ組織スルコトヲ得ルコト
（八）部落会及町内会ニ会長ヲ置クコト会長ノ選任ハ地方ノ事情ニ応ジ従来ノ慣行ニ従ヒ部落又ハ町内住民ノ推薦其ノ他適当ノ方法ニ依ルモ形式的ニハ少クトモ市町村長ニ於テ之ヲ選任乃至告示スルコト
（九）部落会及町内会ハ必要ニ応ジ職員ヲ置キ得ルコト
（十）部落会及町内会ニハ左ノ要領ニ依ル常会ヲ設クルコト
　（イ）部落常会及町内常会ハ会長ノ招集ニ依リ全戸集会スルコト但シ区域内隣保班代表者ヲ以テ区域内全戸ニ代フルコトヲ得ルコト
　（ロ）部落常会及町内常会ハ第一ノ目的ヲ達成スル為物心両面ニ亘リ住民生活各般ノ事項ヲ協議シ住民相互ノ教化向上ヲ図ルコト
　（ハ）部落会及町内会区域内ノ各種会合ハ成ルベク部落常会及町内常会ニ統合スルコト
二　隣保班
（一）部落会及町内会ノ下ニ十戸内外ノ戸数ヨリ成ル隣保班（名称適宜）ヲ組織スルコト
（二）隣保班ノ組織ニ当リテハ五人組、十人組等ノ旧慣中存重スベキモ

ノハ成ルベク之ヲ採リ入ルルコト
（三）隣保班ハ部落会又ハ町内会ノ隣保実行組織トスルコト
（四）隣保班ニハ代表者（名称適宜）ヲ置クコト
（五）隣保班ノ常会ヲ開催スルコト
（六）必要アルトキハ隣保班ノ連合組織ヲ設クルコトヲ得ルコト
三　市町村常会
（一）市町村（六大都市ニ在リテハ区以下同ジ）ニ市町村常会（六大都市ノ区ニ在リテハ区常会以下同ジ）ヲ設置スルコト
（二）市町村常会ハ市町村長（六大都市ノ区ニ在リテハ区長）ヲ中心トシ部落会長、町内会長又ハ町内会連合会長及市町村内各種団体代表者其ノ他適当ナル者ヲ以テ組織スルコト
（三）市町村常会ハ市町村内ニ於ケル各種行政ノ総合的運営ヲ図リ其ノ他第一ノ目的ヲ達成スル為必要ナル各般ノ事項ヲ協議スルコト
（四）市町村ニ於ケル各種委員会等ハ成ルベク市町村常会ニ統合スルコト

　以上が第2条の全文である。ここで着目すべき点を条項に沿って示すと次のようになる。
　①農村部に部落会、都市部に町内会という名称を与えていること。
　②一定区域の居住世帯すべてを組織していること。
　③市町村といった自治体の下部組織として部落会・町内会を明確に位置付けていること。
　④部落会・町内会ともに行政区域を前提としているものの、それ以外に勘案する要因として、前者では「地域的共同活動」が、後者では「土地の状況」といった表現から理解できるように、農村部と都市部それぞれの社会構造上の違いを考慮したものになっていること。
　⑤部落会長・町内会長選任にあたっては地元の意向のみならず、所属する自治体の長による意向が反映されること。
　⑥区域内にある各種団体は部落会・町内会に統合すること。
　⑦部落会・町内会の下部組織としての隣保班が置かれ、生活の隅々

第 2 章　地域社会における「負の遺産」としての「訓令 17 号」

までの管理体制が意図されていること。ただし、「旧慣中存重スベキモノハ成ルベク之ヲ採リ入ルルコト」と記されているように、必ずしも伝統的組織をそのまま組み込もうとするものではないこと。

このようにして、農村部と都市部との差はあるものの、国家戦時体制の末端組織として部落会・町内会は組織され、生活全般への管理手段として地域社会は位置づけられた。そして部落会・町内会は、地域社会運営にあたっての長い歴史をそのまま背景としているのではなく、戦時体制という歴史の局面において整備・形式化されたものとして理解されるべきものである。

Ⅲ　まとめ

以上が部落会町内会等整備要領の全文、及びその要領についての解題である。本要領についてはしばしば言及されるものの、第1次資料としての「官報」を直接参照し、その全文について解題を試みるという作業は、これまで1950（昭和25）年に公刊された自治大学校によって編集された「教科書」に収録されたもの以外には存在していない。しかも、その解題が収録されているテキストを容易に入手することはできない。地域社会を研究する者であれば誰もが知っているものであるにもかかわらず、整備要領そのものについて言及することはほとんどなかった。第1次資料の所在場所を明示し、こうした解題作業を行わなければならない意義がここにある。

すべての地域社会が、この訓令に従って組織化されたのか否かについては検証の余地がある[13]。また、こうした戦時体制下の課題に基づいて行われた部落会町内会の組織化・制度化を、地域社会の「1940年体制」[14]としてとらえ直し、地域社会運営の連続性として今日に至るまでの意義について考察する必要もある。しかし、ポツダム宣言受諾による戦後処理の一環として、こうした地域社会の組織化のあり方が、「負の遺産」として位置づけられている歴史上の事実を拭い去ることは出来ない。今日

における地域社会への安易な期待の戒めのため、「部落会町内会等整備要領」は読み込まれなければならない。

[注]

1) 「官報」.1940年9月11日:4106.資料解題にあたっては自治大学校編（1950）も参照した.
2) 「官報」.1947年1月22日:6005.
3) 「朕は,ここに昭和20年勅令第五百四十二号ポツダム宣言の受諾に伴い発する命令に関する件に基く町内会部落会又はその連合会等に関する解散,就職禁止その他の行為の制限に関する政令を公布する」.「官報」.1947年5月3日；号外（独立行政法人国立印刷局官報情報検索サービス. https://search.npb.go.jp/kanpou/.2010年11月14日閲覧.なお,このサービスで検索可能な官報は,1947年5月3日の日本国憲法施行日以降である）.
4) Goffman;1961.
5) 例えば,仲村・板山編;1984を参照.
6) 都市問題,1953:44(10),の特集を参照.
7) 中村;1965を参照.
8) 国民生活審議会調査部会編;1969:奥田;1971.
9) 岡村;1974.
10) 「この法律は,社会福祉を目的とする事業の全分野における共通的基本事項を定め,社会福祉を目的とする他の法律と相まって,福祉サービスの利用者の利益の保護及び地域における社会福祉（以下『地域福祉』という.）の推進を図るとともに,社会福祉事業の公明かつ適正な実施の確保及び社会福祉を目的とする事業の健全な発達を図り,もつて社会福祉の増進に資することを目的とする」（「社会福祉法」第1章第1条;2000年改正）.
11) 林は以下のように記す.「最近の社会学の研究で、戦時下のこうした地域組織を戦後の高度経済成長を支えた大衆社会の実現の基礎になったものとして一定の評価を与えた論文を読んだことがあるが、しかしもしその基礎が人間性への猛烈なまでの圧殺によって築かれたのであれば、どのような評価も与えてはならない」（林;2001:5）.また、フィクションの世界ではあるが,Orwellの『1984年』には以下のような記述がある.「＜地域住民センター＞での夕べの集いを休むのはこの三週間でこれが二度目だった.無分別な行為と言うべきだった.センターでの会合への出席回数が入念にチェックされていることは間違いないのだから.原則として党員に余暇というものは存在せず,ベッドに入っているときは

別として，一人だけでいることは許されない．仕事中，或いは食事中や睡眠中であるとき以外，党員は地域住民とのレクリエーションに参加することになっていた．何であれ孤独趣味を暗示しそうな振舞いを見せるのは，一人で散歩に出かけることでさえ，つねにいささか危険だった…．」（新訳版:126）．
12) 日独伊三国同盟がベルリンで調印されたのが1940年9月27日，同年10月12日には大政翼賛会の発会式が挙行されている．
13) 上田;1988,同;2000,庄司;2007,同;2009.
14) 野口;1995.

[文献]

Goffman,Erving.Asylum;Essays on the Social Situation of Mental Patients and Other Inmates: Anchor Books;1961（石黒毅訳.アサイラム―施設被収容者の日常生活－:誠信書房;1984）.

林淑美.戦時下町内会と小説「吉野さん」.『創文』; 2000:1-5.

自治大学校.戦後自治史１（隣組、町内会及び部落会の廃止）;1950（地方自治研究資料センター復刻:文生書院;1977）.

国民生活審議会調査部会編.コミュニティ―生活の場における人間性の回復―:大蔵省印刷局;1969.

中村八朗.都市町会論の再検討.都市問題56(5);1965:69-81.

仲村優一・板山賢治編.自立生活への道-全身性障害者の挑戦:全国社会福祉協議会;1984.

野口悠紀雄.1940年体制-さらば「戦時経済」:東洋経済新報社;1995.

岡村重夫.地域福祉論:光生館;1974.

奥田道大.コミュニティ形成の論理と住民意識.磯村英一他編.都市形成の論理と住民:東京大学出版会;1971:135-177.

Orwell,George. Nineteen Eighty-Four ;1949（高橋和久訳.1984年[新訳版]:早川書房;2009）.

庄司俊作.戦時下部落会の成立過程（上）-「町村―むら」関係の視点から.社会科学79;2007:31-58.

庄司俊作.戦時下部落会の成立過程（下）-主体形成、村落形成の視点から.社会科学83;2009:33-72.

高田保馬.市民組織に関する私見.都市問題44(10);1953:1-12.

上田惟一.戦時下の京都町内会―昭和17・18年の事務機構強化の経緯―.関西大学法学論集38(2);1988:125-162.

第3章
望ましい地域社会としての「コミュニティ」

Ⅰ　はじめに

　「コミュニティ」、それは日本社会において単なる地域社会を意味しない。1969（昭和44）年に発表された国民生活審議会による答申書では以下のように規定される。「生活の場において、市民としての自主性と責任を自覚した個人および家族を構成主体として、地域性と各種の共通目標をもった、開放的でしかも構成員相互に信頼感のある集団を、われわれはコミュニティと呼ぶことにしよう。この概念は近代市民社会において発生する各種機能集団のすべてが含まれるのではなく、そのうちで生活の場に立脚する集団に着目するものである」。さらに、「コミュニティは従来の古い地域共同体とは異なり、住民の自主性と責任制にもとづいて、多様化する各種の住民要求と創意を実現する集団である。それは生活の場において他の方法で満たすことのできない固有の役割を果たすものである」[1]。「コミュニティ」とは、具体的な個々の地域社会を指し示すのではなく、現代の都市社会状況における様々な課題解決に向けた「規範的な目標を含む政策概念」[2]であり、地域社会の「望ましい姿」を描いたものである[3]。

　「コミュニティ」に言及する研究者は、意識的にせよ無意識的にせよMacIverらによるCommunity定義を基礎としている[4]。しかし、日本社会におけるコミュニティ概念は、これだけではない。「前近代的な遺物」であるだけでなく、「戦争協力組織」としての過去を持つ地域住民組織、つまり部落会・町内会が抱える歴史上の「負の遺産」、それを清算しようとする過程で導出されたもの、それがカタカナで記された「コミュニティ」である。

　本章では、地域の在り方を巡る、1945（昭和20）年以降に発表された代表的論考を中心とした検討を通じ、日本社会特有の「コミュニティ」概念が導き出されたことを明らかにする。「望ましい地域社会」が、それ

までの町内会に代表される地域住民組織と峻別される。他方、現代社会の諸問題解決に向けた地域社会についての新しい分析枠組みが作り上げられる。そして、この分析枠組み上で「コミュニティ」の意味内容が明らかにされた時、「負の遺産」は決して解消されていないことが判明する。

　以下の作業は、現実の地域社会や住民組織の在り方についてのものではない。しかし、日常生活の場としての地域社会の現状を踏まえた行為が求められる際、言葉の意味内容を厳密にしておかなければならない。「新しい公共」や「協同」によって語られる地方自治の在り方を考えるうえに、また福祉実践上重要な概念である福祉コミュニティの可能性を検討[5]するために、「コミュニティ」についての「理論の底の浅さ」を指摘[6]されるままでは、先に進むことなど出来ないのである。

Ⅱ 「魂のオアシス」としての地域社会

　1952（昭和27）年のサンフランシスコ講和条約締結後、戦争協力組織[7]として解散命令が出されていた部落会・町内会がほぼ同じ形で「復活」、その存在を巡って議論が引き起こされた。町内会復活は「戦後民主化」に反しているのか否か。こうした議論に対し、翌53（同28）年に発表された高田保馬の論考では、壮大な高田社会学の体系が、主に大都市における地域社会に投影され、戦争協力組織という「負の遺産」の解消、さらには新概念創出のための手がかりが示された。キーワードは「魂のオアシス」[8]である。

　高田は、現代社会、とりわけ都市社会における社会的結合のありかたを、Durkheimの論[9]に従って分業による利益社会の進展とみなす。「利益社会化の極において、個人は自己を情意的に託すべき集団または結合を失」い、「分業による相互依存の集中点たる大都市において個人は単身投げ出され」るとする。「塵芥」としての個人の無力感を満たすため、「民族、国家、人類というがごときはその距離あまりに大きく、いわば取りつくしまもない」。他方、個々人にとって身近な存在であり、かつ利害

を超えたところに基礎を持つ社会的結合に目をむけると、そこには血縁か地縁によるものがある。しかし、戦後改革による家制度の解体により、「家族」という結合形態はその力を失おうとしている[10]。「社会通念的にまた感情的にたよりになる家というものはなくなり、ひいてそれに連る血縁の親しみも相互扶助の気徳が失われつつある……これに代つて[原文のまま]何ものかが強化せられるということは必然の希望」[11]となる。社会的疎外状況にある個人のよりどころ、つまり「魂のオアシス」として、残された地縁的結合への期待が寄せられる。

ところが、日本社会における代表的な地縁的結合組織である部落会・町内会、及びそれらの下部組織である隣組は、「戦争協力組織」という過去を持つだけでなく、「時代遅れ」とされている。こうした「負の遺産」を解消することなくして、地縁的結合に基づく組織の積極的評価は不可能である。これらの課題を解決するため、高田は以下のように指摘する[12]。

(1)地縁組織は自然発生的
(2)戦争協力組織であったのは「強権政治を迅速に容易に運営するための補助装置」として利用されたため
(3)分業が進展する社会にあって、社会的疎外状況にある多様な個々人が結合する機会として、地域的同質性こそが活用されなければならない
(4)地方自治行政をすすめるうえでも、多様な住民をまとめあげるためには地域別以外の組織はありえない

こうして、日本社会における「隣組」に代表される地縁組織の負の遺産が論理上解消されたばかりでなく、現代都市社会における疎外克服へ向けた積極的な意味合いが付与された。高田は以下のように議論をまとめる。

> 近所班が十分に育成して対面の情意的結合と地域の風物歴史と相融合するならば、人々はそこに弱いけれども一般的オアシスを求め得ぬであろうか。大都市人は郷土を持たぬ。郷土とは離村の人がもつ

追憶の自然とは限らぬ。すでに生活する地域やその風物、歴史との情意のつながる場所をさす。この意味における郷土を大都市に与えることは、人類を救い得る一の方向である。社会進化の大勢が大都市の異常なる拡張を来たしつつある。これは一面悲しむべきことでもあるがおさえ切れることでもない。かくて全国土が大都市化し、地方はその郊外と化すであろう[中略]隣組の平時的利用が近所の接触を自然に加えさせるならば、デュルケムが職業集団に求めるものが案外に手近にあるのではないか[13]。

　高田の論考はデータによる検証に基づいたものではない。しかし、利益社会の進展を是認しながら、そこから生じる諸問題の解決策として、地縁的結合を基礎とする「魂のオアシス」形成を目指すという発想[14]は、次に検討する「新しいタイプの町内会」を経て、望ましい地域社会としての「コミュニティ」概念形成へと至る一連の研究者たちにとっての貴重な「道しるべ」となった。

Ⅲ 「新しいタイプの町内会」発見

　部落会・町内会に代表される地縁的組織の負の遺産を解消し、同時に現代社会における課題克服のために重要な役割を提示したのが先の高田による論考であり、「魂のオアシス」が必要であるとされた。それから10余年後、町内会という「構造」がそれまで前提とされていたような「機能」を必ずしも規定するわけではない、とする研究が発表された。中村八朗は、町内会が旧中間層を中心とした「保守層」をリーダーとし、地方行政の下請けとしての側面があることを事実として認める一方で、住民運動の核となり、地域社会の要求実現の中心ともなりうることを、具体的な調査データに基づいて指摘する。

　1965（昭和40）年に発表された「都市町会論の再検討」において、中村はそれまでの諸研究を踏まえ、「町内会の性格または属性の内容」を以下のように整理する[15]。

第3章　望ましい地域社会としての「コミュニティ」

(1) 加入単位は個人ではなく世帯であること
(2) 加入は一定地区居住に伴い、半強制的であること
(3) 機能的に未分化であること
(4) 地方行政における末端事務の補完作用をなしている
(5) 旧中間層の支配する保守的伝統の温存基盤となっていること

「町内会の性格についてのこれらの指摘の背後には、その性格がわが国の都市化、近代化、民主化に逆行するものとする問題意識が潜んでいる」[16]という認識に基づき、中村は東京都近郊都市における検証を行う。その結果、「前記の5点に照らすと、特に（4）（5）の点で指摘の妥当しない町内会が多く現れていることを知った。それとともに、従来下されていた町内会の性格規定には、意識的、無意識的にいくつかの前提が置かれていたのではないか、それらの前提はこのような町内会の出現とともに再考慮される必要が生じたのではないか」[17]という仮説が提示される。

「加入様式、機能または活動内容、行政協力の様式、地方選挙との関係、および役員層」[18]という側面から調査を行い、上記5点についての検証を行った中村は、以下のような結論を導き出す。

　　以上のようにこれらの町内会では、まず加入単位が世帯であり、3団地を除けば全戸加入制、つまり半強制的といわれるものになっている。ただし3団地といえども会員は団地居住者に限られ、一歩団地外に居を移せば自動的に自治会を脱会することになっており、したがって地域拘束性を伴う点では共通である。活動の内では行政機関への要求が重点的であるとはいえ、列挙した項目に見られる通り、親睦を主とする表出的(expressive)活動から手段としてのあるいは適応のための器具的(instrumental)活動に及ぶ多岐な内容を含む。つまり従来の指摘の1〜3についてはこれら町内会も何ら相違する点はないのであって、先に「自治会」「町内会」の名称いかんに拘らず総称として町内会と呼ぶと述べて、両者の区別を認めなかったのは以上の理由による。しかし採り上げた町内会は、行政との関連におい

ては程度の差はあれ非協力的であり、逆に行政機関に対する要求や交渉に力が入れられている。役員層に旧中間層を含むのは井之頭町会のみであり、また政治との関連においては強い自主性を持って選挙利用を厳しく排除するか、もし選挙に関係するとすれば革新系につながっている[19]。

（1）から（5）の前提に立つ従来の町内会に対して、「行政の末端事務」「保守的伝統の温存基盤」という要素を満たさない、「新しいタイプの町内会」が「発見」されたのである。こうした視点に立つなら、それまでの町内会を巡る議論では、「町内会構成員の意識や態度が無視されていて、町内会そのものまたは町内会という集団形式を独立変数とおき、それに対する従属変数が体制維持という結果であると見做されていたのではないだろうか。このような関係づけによれば、町内会の存在する所では至る所で体制維持の動きがみられ、既述のような町内会が出現する余地がなかったわけである。したがってここでは、独立変数として町内会構成員の意識や態度を取るべきであり、この意識や態度のいかんによって町内会は体制維持的にも反体制的にもなり、さらに政治とは無縁のもの(irrelevant)にもなりうるものと考えられねばならない」[20]のである。

「新しいタイプの町内会」発見により、従来の町内会研究は新局面を迎える。町内会という社会構造が、それまで前提とされていた機能を規定するとは限らないことが明らかにされたからである。さらに、町内会を構成する住民の「意識や態度」によって、その機能は大きく異なってくる可能性が示された。高田による「魂のオアシス」、中村の「新しいタイプの町内会」、その延長線上に国民生活審議会による「コミュニティ」がある。そして、1971（昭和46）年に発表された奥田道大による論考は、当該住民の意識・態度如何によって地域社会の性格が異なるとする発想を踏まえた、地域社会の分析枠組みの提示であり、「コミュニティ」概念の一つの完成型である。しかし、そこから導き出された課題は、地域社会に埋め込まれた「負の遺産」解消が、決して容易なものではないことを指し示していた。

Ⅳ　地域社会の分析枠組みと「コミュニティモデル」

　「コミュニティ」を検討する際に避けて通ることができないもの、それが奥田道大による地域社会の分析枠組みから導き出された「コミュニティモデル」である。奥田は、以下のような前提から論を起こす。地域社会をコミュニティと置き換えた場合、都市社会学の研究領域で2つの理論的前提が存在する。つまり、(1)「コミュニティは、都市化現象の全体社会的規模の拡大と深化の過程にあって、その存在意義の強調されるターム」であり、「都市化過程にあって積極的・肯定的意味あいをもつ地域社会」、(2)「特定の地理的範域とか生活環境施設の体系というフィジカルな領域にとどまらず、地域住民の価値にふれあう意識や行動の体系を意味するもの[傍点は原文のまま]」[21] である。前者は高田による「魂のオアシス」、後者が中村の「新しいタイプの町内会」を想定するなら、その内容は自明である。ただし、奥田の議論はここにとどまらない。地域社会の「負の遺産」が意図的に位置づけられており、その清算のためには「住民の主体化」が重要な位置を占める。

　　コミュニティは、体制サイドが先行的に装置した条件のなかで、住民がどう自己回復しうるかというメカニズムに、ポイントがあるのではない。体制という構造的緊張関係の実践過程にあって、住民自身に内在化され、相互に共有される価値として認識されるものである。手みじかにいえば、住民サイドにおいて提起されるコミュニティは、住民の主体化が、主要な与件となる。いわば、住民自身に主体化された価値の創出が、コミュニティの主体化につながることになる。主体化は、体制とのかかわりにおいて対極化され、客体化とは一方の極をなす[傍点は原文のまま][22]。

　以上のような前提のもとに、地域社会を構成する住民の「行動体系」（主体化―客体化）と「価値意識」（普遍化―特殊化）という2つの軸を交差させ図式化されたモデルが、「地域社会の分析枠組み」である（図

3-1)[23]。「望ましい地域社会」としての「コミュニティ」の意味内容が、それ以外の3類型(「地域共同体」「伝統的アノミー」「個我」)との比較において明らかにされる(表3-1)[24]。

図3-1 地域社会の分析枠組み(奥田;1971:139)

表3-1 地域モデルの分析視点(奥田;1971:142)

	①「地域共同体」モデル	②「伝統的アノミー」モデル	③「個我」モデル	④「コミュニティ」モデル
ⅰ)分析枠組み	特殊化―主体化	特殊化―客体化	普遍化―客体化	普遍化―主体化
ⅱ)都市化の論理との対応	後退的	逸脱的	適応的	先行的
ⅲ)住民類型	伝統型住民層	無関心型住民層	権利要求型住民層	自治型住民層
ⅳ)住民意識	地元共同意識	放任、諦観の意識	"市民"型権利意識	住民主体者意識
ⅴ)住民組織	「旧部落・町内会」型組織	行政系列型(行政伝達型)組織	行政圧力団体型(要求伝達型)組織	住民自治型組織
ⅵ)地域リーダー	名望有力型リーダー	役職有力者型リーダー	組織活動家型リーダー	有限責任型リーダー

それぞれの地域類型と町内会との関係については、住民の意識・態度が組織の在り方を規定する、という前提から引き出される。「地域共同体」モデルにおける町内会組織は、「政治・行政過程の末端装置的役割をはたすとともに、住民の相互関係(親睦、祭礼、労力奉仕、相互扶助等)の組織的紐帯をなす」。「伝統型アノミー」モデルでの町内会組織は「包

第 3 章　望ましい地域社会としての「コミュニティ」

括的地縁団体としてよりも、行政ルートの分化（特殊専門化）に対応した多次元的団体へと衣替えする」。「個我」モデルでは、「住民自体の生活要求を実現する組織的ルートとして選択され、活かされる。生活要求のより多くの部分は、行政サイドにふりむけられるところから[中略]、行政サイドにおいて、『自治会・町内会』組織は、行政補助組織としてよりも、行政への圧力団体としてうけとめられる」。これに対して、「コミュニティ」モデルにおいては、「住民主体の生活基盤を創出する過程で、住民相互の連帯関係はふかめられ、行政過程との自主的対応がはかられる。[中略]地域住民組織は、さきの行政過程との自主的対応とならんで、生活の多元化と高次化にみあった、親睦・レクリエーション活動、教育・文化活動という、小集団単位のexpressiveな機能状況を示す」[25]。ここで想定される「住民自治型組織」は、もはや従来の町内会といった枠組みではとらえきれない。

　こうした地域社会の分析枠組みから引き出された地域類型の検証が、八王子市住民を対象とした約1000ケースの調査票データに基づいてなされた。分析作業を通じ、「地域住民にとって、コミュニティは、望ましいもの、期待されるものとして、プラス・イメージ」のあることは明らかにされた[26]。しかし、(1)「コミュニティ」のイメージについては「地域共同体」と類似的なパターンを示すこと、(2)「地域共同体」と対照的なものが「個我」モデルであること、(3)「コミュニティ」形成は「個我」モデルを前提条件とすること、そして(4)地域社会という発想が『個の論理』を減殺する『地域共同体』的系においてうけとめられていた、という課題が明らかにされた。「地域共同体」→「伝統型アノミー」→「個我」→「コミュニティ」と単純にすすまないばかりか、「個我」を起点として「地域共同体」へと先祖返りすることも充分ありうる。そして、こうした事態を防ぐためには常に普遍的な価値意識を住民が持ち、また自身が主体となることが必要とされるのである（図3-2）[27]。

図3-2　分岐の基軸（奥田;1971:174）

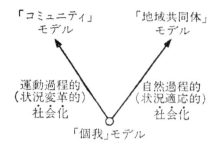

　コミュニティのモデル化の基軸である、住民の主体化と普遍化は、所与の条件として"上から与えられるもの"でも、また、自然過程的（時間経過的）に醸成されるものでもない。たんなる所与の条件であるとすれば、それは、"だれにとっても望ましい"タテマエ規範へのイメージ志向の域をでるものではない。たえざる実践過程（行動への論理的対応）を通じて、住民の生活構造に内的に意味づけられた、価値として認識されるものである。新しい価値創出にかかわるコミュニティは、「運動モデル」として把握することが可能である[28]。

　望ましい地域社会類型としての「コミュニティ」の姿が、理論上の枠組みにおいて登場し、その検証がなされたまさにその時、「負の遺産」が再浮上した。解体に瀕した伝統的な地域社会は、普遍的価値意識を持つ「市民」を生み出し、こうした市民が主体的に行動するようになることで、「コミュニティ」が形成される。行政とも「協同」して自らのまちの問題に取り組み、しかも異質な人々を排除せず、「同じ市民」として迎え入れる。しかし、地域社会に関わる住民の不断の努力（運動）が無い限り、地域社会の歴史に埋め込まれた「負の遺産」は、それまで以上に増殖しかねない。こうした危険性を常に自覚しながら、「コミュニティ」の在り方は議論されなければならないのである。

V まとめ

　以上、日本社会における規範的政策概念としての「コミュニティ」という発想の形成プロセスを、地域社会における「負の遺産」清算という側面から概観してきた。特定の地域に居住することをきっかけとして、地域内全世帯を対象とし、包括的な機能をはたす町内会・自治会から、現代社会における問題解決の主役である「コミュニティ」へと移行するためには、以下のようなステップが必要であった。

　(1)戦争協力組織としての役割を負わされたのは当時の体制の問題であって、「自然発生的」な町内会自身がそうした要素を持っているわけではない。他方、社会的分業に伴い、アソシエーショナルな組織が、社会において中心的な役割を演じるという趨勢は否定できない。しかし、特定の目的と限定されたメンバーシップを特徴とするアソシエーションに対して、包括的な機能を果たし、一定地域への居住という「地縁」をきっかけとする町内会のような組織は、現代社会における「魂のオアシス」として、個々人の疎外克服にむけて貴重な組織になりうるのであり、さらに地方自治をすすめるうえでの基礎単位としても重要である。

　(2)「新しいタイプの町内会」の出現によって、町内会という構造が、それまで前提とされてきた役割をすべて規定するわけでないことが確認された。旧中間層以外をリーダーとし住民運動の担い手となる町内会が、「発見」されたからである。そこに居住する住民の意識や態度こそ、町内会の機能を規定する重要な要因として考えられなければならない。

　(3)住民の意識や態度を軸として作り上げられたのが「地域社会の分析枠組み」であり、「地域共同体」「伝統的アノミー」「個我」という3類型と比較されるものとして、「コミュニティ」が登場した。ここでのコミュニティは、現代における「望ましい地域社会」の類型であり、普遍的価値意識をもつ住民が主体となって作り上げなければならない。「住民自治型組織」は、これまでの「町内会」とまったく異なったものになりうる。しかし、住民主体による「運動」としての側面を欠く場合、「コミュニテ

ィ」は望ましくない地域社会、つまり「地域共同体」へと容易に先祖返りする。伝統的な意味での「町内会」が復活する[29]。個人は集団の圧力の前に屈する。しかも、日常生活のあらゆる場面においてである。「負の遺産」との絶えざる緊張関係の中でのみ、「コミュニティ」の形成・維持は可能である。

　以上が、日本社会における、四半世紀という時間の流れの中で作り上げられてきた「コミュニティ」という概念形成のプロセスである。時代的制約の下にあることは否定できない。また、「住民の意識と態度」のみで地域社会の在り方が規定される発想には、入念な検討が必要である。しかし、「コミュニティ」という概念を用いて、日常生活の場としての地域社会で発生する諸問題に立ち向かうためには、これまでの概念形成プロセスと意味内容を充分踏まえておかなければならない。

　2005（平成17）年に発表された、国民生活審議会答申書『コミュニティの再興と市民活動の展開』では、以下のような「展開」が示されている。「コミュニティとは、自主性と責任を自覚した人々が、問題意識を共有するもの同士で自発的に結びつき、ニーズや課題に能動的に対応する人と人とのつながりの総体」を指し示し、「同じ生活圏域に居住する住民の間でつくられるエリア型コミュニティが停滞する一方で、特定のテーマの下に有志が集まって形成されるテーマ型コミュニティが登場している」[30]。しかし、ここでの「テーマ型コミュニティ」は中田が指摘するように、「コミュニティ」ではなく「アソシエーション」である[31]。今日、「コミュニティ」概念はさらに混乱し、科学的検証すら許さないまでに拡散していると考えざるを得ない。しかし、地縁に基づき、自立した個々人から形成される開放的な地域社会、つまり「コミュニティ」は過去の遺物などではない。

　公的教育サービスにおける通学範囲は、一定の地域的範域を単位とする。質的なニーズが重視される今日における福祉サービスは、「直接会って顔が見える範囲」に圏域が限定される。そして、自然災害は、一定の地域空間に居住する住民に被害を及ぼす。「教育」「福祉」「災害」という

第3章　望ましい地域社会としての「コミュニティ」

　住民生活の基本的な局面を考える時、「誰にとって」「どのように」、そして「いかにして」という議論が必要である。「魂のオアシス」「新しいタイプの町内会」を経て形成されてきた、望ましい地域社会としての「コミュニティ」という概念は、いまこそ徹底した検討・検証が必要とされているのである。

［注］

1) 　国民生活審議会調査部会.1969:2.
2) 　中田.1999:2.
3) 　社会福祉という文脈でなされた答申書（中央社会福祉審議会;1971）も、「コミュニティ」の意味づけは同様である。
4) 　MacIver & Page;1949:8-9.
5) 　岡村（1974）によって提示された福祉コミュニティは、こうした「コミュニティ」という発想への批判的検討から導き出されたものである。
6) 　「都市問題」（2006:97-3）における大森の発言(41)。
7) 　詳細については本書第2章を参照。
8) 　高田;1953:8.
9) 　Durkheim;1893.
10) 　地縁ではなく、「近代家族」形成によってこうした問題解決に取り組むという議論も可能であろう。
11) 　高田;前出:3.
12) 　同:6-9.
13) 　同:10.
14) 　こうした発想を高田社会学における「負の遺産」解消として理解することもできるかもしれない（北島;2002）。
15) 　中村;1965:69.
16) 　同．
17) 　同:70.
18) 　同:71.
19) 　同:74-75.
20) 　同:80.
21) 　奥田;1971:135.
22) 　同:136-137.
23) 　同:139.

67

24) 同:42. なお、明らかな誤植は奥田（1983:32）に基づき修正した。
25) 同:139-142.
26) 同:173.
27) 同:174.
28) 同:174-175.
29) 近年でも以下のような指摘がある。「コミュニティ施策以降、町内会の取りまとめ機能があらためて着目され、その囲い込みをすすめる動きが顕著である。たとえば防災に関しては、風水害から地震にシフトした自主防災組織の結成がすすめられたが、実態は『町内会』と重なり、その防災部門として収斂されるのが一般的である。災害は地形や地物など地域特性に大きく影響され、安全の単位と町内会の単位とが一致するとは限らない。にもかかわらず、実質的に町内会と重ねて結成を促進させるところに『組織化』の特徴がある」（岡田;2005:1073）。
30) 国民生活審議会;2005:3.
31) 中田;2002:8.

第3章 望ましい地域社会としての「コミュニティ」

[文献]

天川晃・大森彌他.座談会 高木鉦作先生の人と業績―町内会研究と都区制度改革にかけた情熱.都市問題97-3;2006:34-56.

中央社会福祉審議会.コミュニティ形成と社会福祉（答申）;1971（日本現代教育基本文献叢書 社会・生涯教育文献集Ⅱ:日本図書センター;2000）.

Durkheim, Émile. De la division du travail social: Librairie Felix Alcan;1893（井伊玄太郎訳.社会分業論（上・下）:講談社; 1989）.

平川毅彦.部落会町内会等整備要領（1940年9月11日、内務省訓令第17号）を読む―地域社会の「負の遺産」を理解するために―.新潟青陵学会誌3(2);2011:11-15（本書第2章）.

北島滋.高田保馬―理論と政策の無媒介的合一（シリーズ世界の社会学・日本の社会学）:東信堂;2002.

国民生活審議会調査部会編.コミュニティ―生活の場における人間性の回復―（答申）:大蔵省印刷局;1969.

国民生活審議会総合企画部会編.コミュニティの再興と市民活動の展開（答申);2005（内閣府HP.＜http://www.cao.go.jp/＞ 2011年11月1日参照）.

MacIver,R.M. & Page,C.H. Society;An Introductory Analysis :Macmillan and Company Limited;1950（若林敬子・竹内清による部分訳.コミュニティと地域社会感情.現代のエスプリ68;1973:22-30）.

中村八朗.都市町会論の再検討.都市問題56(5);1965:69-81.

中田實.背反か連携か－町内会とコミュニティー.コミュニティ政策研究1;1999:1-2.

中田實.コミュニティ政策再考.愛知学泉大学コミュニティ政策学部紀要5;2002:1-15.

岡田彰.自治体行政史―資料をして語らしめる.高木鉦作.町内会廃止と「新生活協同体の結成」:東京大学出版会;2005:1063-1075.

岡村重夫.地域福祉論:光生館;1974.

奥田道大.コミュニティ形成の論理と住民意識.磯村英一他編.都市形成の論理と住民:東京大学出版会;1971:135-177.

奥田道大.都市コミュニティの理論:東京大学出版会;1983.

高田保馬.市民組織に関する私見.都市問題44(10);1953:1-12.

第4章
仙台市における生活圏拡張運動と「福祉のまちづくり」

Ⅰ　はじめに

　大規模化・複雑化した現代社会において、何らかの理由により生じた生活困難・生活課題を側面から支援し、個人の発達・成長を最大限まで促そうとする現代的試み。それが最も限定された意味での社会福祉である。この社会福祉という支援活動を展開するために、日常生活から引き離された「全制的施設」（Total Institution）[1]ではなく、「ふつうの生活」が展開される場所としての地域社会はいかにして可能か。そして、特定少数の人々だけではなく、すべての住民にとって暮らしやすい地域社会とはどのようなものか。それが今日の「福祉のまちづくり」に求められている課題である。

　ところで、日本社会における「福祉のまちづくり」の源流は、高度成長期の仙台市にあるとされている。施設のみで完結する生活に不満を持つ身体障害者と学生ボランティア、そして彼らを支援するソーシャル・ワーカーによる最初の一滴から始まり、専門家と住民参加を旨とする当時の島野仙台市政と結びつくことで拡がりを持ち、その活動成果はマスコミにより全国に紹介された。また、こうした活動成果が評価され1973（昭和48）年7月には厚生省（当時）による身体障害者福祉モデル都市指定による整備が行われ、さらに同年9月には「福祉のまちづくり、車いす市民交流集会」が開催、全国から車いす利用者が仙台を訪れ、そこでの経験は日本全国へと広まり定着した。

　当時、研究者としてこの運動に積極的に関わった田代は「特に1970年代の東北新幹線導入を契機に、福祉のまちづくり運動がさかんになった。筆者らもこのハンディキャップを持つ人々の生活圏拡大［原文のまま］運動に協力し、国際シンボルマークの貼付と、バリアフリー化の提言に調査協力した。やがて1973年日本国内で最初の『身体障害者福祉モデル都市』指定第1号都市」になり、「民間の福祉運動として全国的に注目され

71

た」と述べる[2]。しかし、田代はこの運動が「間もなく行政サイドがこの分野に進出してくると同時に、民間の福祉運動にかかわった人々は、枠外に弾き出され、行政のコントロールがきく組織に変質させられ、やがて福祉のまちづくりも、市民レベルからは遠い存在になっていった」として、一連の経験を「警鐘」としてもとらえている[3]。

本章では、この仙台市における「福祉のまちづくり」に関して、残された資料等をもとに、主にその源流部分を再構成する。そして、こうした作業を通じて、福祉コミュニティ形成をめぐる課題がどのようなものであるのか明らかにしていきたい[4]。

II 「福祉のまちづくり」運動発生の背景

仙台市における身体障害者の「生活圏拡張運動」[5]について論じる場合、この運動の成立・展開に際して中心的な役割を果たしたひとりのソーシャル・ワーカーについて触れないわけにはいかない。

1955(昭和30)年、骨関節結核による肢体不自由者(脊髄カリエス)専門の国立療養所として出発した国立玉浦療養所は、5年後の1960(昭和35)年に、仙台市郊外にあり肺結核患者への医療を中心とする西多賀病院に統合された(職員数300、ベッド数約500)。また、近藤文雄院長(当時)[6]による進行性筋萎縮症者(筋ジス)の受け入れもあり、肢体不自由者を中心とした療養施設としての性格を強めた(表4-1)。「当事者」が一定の場所に集められる、という第1の条件が形成された[7]。

表4-1 西多賀病院年度末患者数

年度	年度末患者数				
	肺結核	骨関節結核	筋萎縮症	その他	計
1960	107	193	2	24	326
1961	111	182	2	37	332
1962	141	171	3	43	358
1963	164	152	8	55	379
1964	129	137	25	50	341
1965	119	118	52	70	359

(西多賀病院;1969:78)

第4章　仙台市における生活圏拡張運動と「福祉のまちづくり」

　この病院に1960（昭和35）年、一人のソーシャル・ワーカーが就職する。短期大学を卒業したばかりの菅野鞠子（1937年生、2004年没）である[8]。長期療養する患者の福祉についても力を入れようとした近藤院長が求めた「医療ケースワーカー」がこうして誕生した。そして、彼女の目の前にある現実は「入院期間は平均7～8年間で、10年以上の入院者はざらで、20数年に及んでいる人も沢山いました。家庭崩壊（離婚や自然崩壊）、職場の籍は無くなっている。療養所がもう一つの生活地域（社会）と化している姿」[9]であった。

　「当事者」としての結核回復者が抱える生活問題に触れ、その原因が社会制度の側にあることを知る。生存権を巡る裁判[10]へのかかわりから、「人間を収容する施設的視点を真正面から否定」[11]する考え方に共鳴する。そして、退院後に行き場のない彼ら／彼女らに「仕事」、そして「生活の場」を作る必要性を実感した菅野は、資産家福島禎蔵の資金提供を取付け、1963（昭和38）年西多賀病院の東南端に「月ヶ丘共生館」を開設、3名の入所者と共に就労と生活の場をスタートさせた。1966（昭和41）年に設立され今日に至る重度身体障害者収容授産施設（社会就労センター）「西多賀ワークキャンパス」の原型である。そして、菅野は生活指導主任として着任した。しかし菅野は体調を崩したため1968（昭和43）年に西多賀ワークキャンパスを退職し、宮城県肢体不自由児協会に就職、在宅障害児の外出支援活動に従事する。施設への否定的立場をとるソーシャル・ワーカーの存在と、療養所退院後の生活の場形成、さらに在宅障害児への支援活動、これが「福祉のまちづくり」運動形成の背景をなす第2の要因である[12]。

　身体に障害をもつ「当事者」を中心とし、その生活困難解決への専門家（医師及びソーシャル・ワーカー）の関与という2つの要因につづく第3の要因は、「仙台学生ワークキャンプ」というボランティア集団の存在である。この団体は正式名称を「日本キリスト教団仙台青年学生センター」といい、1951（昭和26）年から活動を始めており、その活動の一つが「ワークキャンプ」であった[13]。「アメリカから来た牧師のドーナン・アイバンさんを中心に、東北大学をはじめ市内の幾つもの大学の男女学

社会関係の主体的側面と福祉コミュニティ

生に一般市民が加わって構成されていたグループで、福祉施設の道路や庭作り、建設作業などに無償奉仕をして喜ばれて」いた[14]。西多賀病院で、そして月ヶ丘共生館をへて西多賀ワークキャンパスへと至るまでさまざまな労力奉仕を行い、また菅野も彼ら／彼女らと積極的にかかわった。こうして、「障害者」の生活をめぐる問題への認識は、病院・施設を超えるものになった[15]。

そして、最後に触れておかなければならないのは、1958（昭和33）年から1984（昭和59）年任期途中で死去するまで7期26年にわたった、島野市政による住民主体による福祉重視という行政施策である[16]。「戦後における仙台の社会福祉の歴史の中で最もユニークで、特筆すべきは島野武市長時代の社会福祉の政策である。そこには仙台独自の福祉風土づくりがみられる。一例をあげるなら1962年（昭和37）の『健康都市宣言』のほかに、1967年11月に仙台の町を『子どもの城』にしようという構想が生まれ、全市的な運動に発展していった。……ここでは特に社会福祉に関連のある『心身に障害をもつ子どもを守る』委員会……この成果として、1970年（昭和45）から10月5日を『心身障害児を守る日』に決め、……翌年の1月には福祉のまちづくり市民の会が発足して、歩道のスロープ化、身障者専用住宅の建設、市バスの改造、国鉄や市民会館などの公共施設の新増改築のときの配慮などを市長に要望し、歩道や公共の建物などの入口の段差の解消、トイレ、道路幅、カウンターの高さなどの改善が行われ」、1973（昭和48）年7月に身体障害者福祉モデル都市事業指定をうける基盤が形成された[17]。

身体障害者の集住、医師とソーシャル・ワーカーによる働きかけと生活の場形成、学生ボランティアによる活動の広がり、そして市民参加と福祉重視の政策をかかげる市政といった4つの要因が、仙台という地域社会で「臨界密度」に到達した時、生活圏拡張運動は姿をあらわしたのである。

Ⅲ　仙台市における生活圏拡張運動の形成

　1969（昭和44）年の夏、西多賀ワークキャンパスの利用者で車いす利用者の村上勇一と、東北福祉大の学生でボランティアの村上信が、仙台の繁華街に出かけた折、物理的・社会的障害に出会い、原因を探すことから「生活圏拡張運動」は顕在化した[18]。「今までの自分の生活を守る事で、目先の事ばっかりを考え障害者に対して目を向ける事を忘れていた健康な人[原文のまま]に反省を呼びかけ、又、今まであきらめを決めつけていた障害者に対しても反省を呼びかけ、障害者が健康な人達と一緒に街で生活出来るようにするためには、と言う所に着眼して、……身障者と健康な人達が一緒に生活すると言う事を目的としている関係上、誰を中心、誰が補佐と言う具合には分けないで、一人一人が一緒になって生活して行こうと言う認識の上に立った考えが持てるように運動を進めて行く事に話がまとまり、[村上勇一と村上信という]二人からの運動が始まった」[19]。これが1970（昭和45）年10月に発足した「グループ虹」であり、菅野鞠子による側面からの熱心なサポートがあったという[20]。

　菅野は、上記の二人の話し合いから出された問題が以下のようなものであったとする。

　　①ボランティア自身が、身体障害児者のかかえている問題をどれだけ自分自身の問題として考えているのか、すなわち、あくまでも自分とは別個の問題として、かわいそうな人に与えるという姿勢にとどまってはいないかという反省。
　　②反面、当の身体障害者自身も他からやってもらうという受身の姿勢からどれだけ出ているのか。自らの問題を身体障害者自身がしっかりととらえ、主体的にとりくんでいくことがだいじなのではないかということ。
　　③社会福祉施策はいつも後手にまわるもの。現在身体障害児者がかかえている問題には、幅広い行政的レベルで解決されるべき問題がたくさんある。

「施設の充実と並行してだいじなのは、子どもにとってもおとなにとっても普通に家庭や社会で生活できる条件づくりではないかということでした。それらの条件がととのわないために、多くの身体障害児者を家庭や施設の中に、被保護者としてとじこめてしまってはいないか」という問題提起であった[21]。

　このグループ虹は、1970（昭和45）年11月に「子供の城づくり委員会」に身障者の国際シンボルマーク運動への協力を依頼、さらに東北新幹線の仙台乗り入れにともない新設される新仙台駅を車いすでも利用できるよう調査・研究・要望活動を行い、翌1971（昭和46）年3月には「対外的な運動をしてもらうために健康な人達[原文のまま]に入会を呼びかけた結果、それまで他でボランティア活動をしていた人達が集まり、その人達で」「身障者生活圏拡張運動実施本部」を作り、他方、「障害者の人達は、西多賀ワーク・キャンパス[原文のまま]に入園している人によびかけ、その人達[8名]で福祉研究会[身障研究会]を作り、調査・研究を行な」う。6月には、「新仙台駅の身障者利用可能」を求めて6701名からの署名を集め、7月には新仙台駅に関する要望書等を宮城県知事・同県議会、新幹線工事局に提出。さらに同年9月には上記の2団体を統合し、健常者／障害者での区別をしない「身障者生活圏拡張運動実施本部」が発足、仙台学生ワークキャンプとの連携などにより活動はさらに拡がりをみせた[22]。

　こうして彼ら／彼女らを中心とした活動が実を結び、「昭和46年11月に三越デパート仙台支店が全国にさきがけて、4階にあるトイレを車いす使用者も利用できるように改造したことを皮切りに、他のデパートや映画館もつぎつぎに同様の改造」をし、「県庁と市役所も1階のトイレを改造し、正面玄関に段のある県庁はスロープを設置し、身障者が1階ですべて用がたせるよう各課の体制がととのい……県内各地の役所で社会福祉事務所が1階におろされるなど、県、市の施設は県民会館、市民会館はもとよりスポーツセンター、保養所にいたるまで同様の配慮」がなされた。仙台の町は、「歩道と車道の段差が削りとられてスロープ化された繁華街を、子どもや老人、うば車を押した主婦たちが歩いて」いく、という「福

祉のまち」としてテレビやラジオ等でも全国に紹介された[23]。そして、1973（昭和48）年の厚生省による身体障害者福祉モデル都市事業指定を受ける（表4-2）。

表4-2　1973（昭和48）年度仙台市身体障害者福祉モデル事業実施計画

項　目	予算額（円）
（1）道路、交通安全施設の整備	
・歩道切り下げ工事（27路線、618か所）	30,880,000
・横断歩道橋昇降口盲人用平板ブロック設置（9歩道橋、31か所）	500,000
（2）公共施設の構造設備の整備	
・(仮称)北山市民福祉会館出入口スロープ化、便所改造、エレベーター設置	13,300,000
・市民会館整備（便所設備、盲人用出入口誘導チャイム、エレベーター、専用リフト、点字ブロック、自動ドア取り付け）	14,010,000
・公衆便所設備	2,000,000
・八木山動物公園便所改造	600,000
・東部市民福祉会館出入口スロープ化、便所改造	800,000
・荒町市民福祉会館便所改造	360,000
・公園施設整備	8,280,000
（3）公共施設、公園等に車椅子の配備（18台）	701,000
（4）リフト付バスの購入（1台）	6,000,000
（5）専用住宅の建設	
・西多賀ワークキャンパス内	16,356,000
（6）身体障害者についての非施設事業等	
・盲人用点字市政だより配布（200部）	228,000
・ろうあ者成人講座（10回開催）	100,000
・心身障害児者実態調査	2,700,000
・重度心身障害児医療費助成	1,740,000
・精神薄弱者更生事業（10名）	1,420,000
・心身障害児者関係団体助成（9団体）	1,500,000
・身体障害者スポーツ大会	800,000
・手話通訳者配置（1名）	785,000
・身体障害者家族家庭奉仕員派遣（3名）	1,894,000
・重度身体障害児家庭奉仕員派遣（10名）	6,309,000
・普及啓蒙（しおり、チラシ作成等）	1,960,000

（仙台市:1973:28-29）

さらに、1973（昭和48）年9月には全国から30名の車いす利用者を集め、「車いすの身障者による仙台体験旅行と福祉のまちづくり運動」（略称、福祉のまちづくり、車いす市民交流集会）が朝日新聞厚生文化事業

団と仙台市「福祉のまちづくり市民の会」の主催で開催された。「私たちは街に出てゆくことによって、今の社会にこそ障害があるという確信をもちつつあります。そして同時に、本気になって私たちが運動をすれば社会の障害をなくしてゆくことができるんだ、という確信も深めつつあります。配慮された街の中で、身障者自身が『私もかつては身障者だった』といえる街ができるはずです」[24]とされるように、身体障害者を中心として各種の支援者によって広がりをみせた「生活圏拡張運動」は一つのピークを迎えた。しかし同時に、こうした「福祉のまちづくり」をすすめるうえで容易に解決できない課題もまた浮上したのである。

Ⅳ 「福祉のまちづくり」から学ぶもの

　仙台市における「福祉のまちづくり」基本理念を一言で述べるなら、それは「ノーマライゼーション」である[25]。「生活圏拡張問題はつまるところ、どんな重い身体障害をもつ者も、人として自分の生き方を選ぶ権利があり、本人が望むなら、できるだけ普通の人と同じように社会の中で暮らせる条件を、社会自体が備えておかなければならない」、という発想であり、「生活圏運動を身体障害者の物もらい根性だと評価しなかった当地の行政機関や地域社会の姿勢」に対して、「生活環境の改善は、身体障害者が被保護者としての立場から脱却して社会人として活動していくための条件づくりの第一歩」であった[26]。そして、「運動の中心においたのは、身障者の労働の問題」であり、「スロープ・トイレは身障者の労働の場を一般社会に拡げていくための手段」[27]にすぎなかった。

　その意味で、「『歩道にスロープを作ったり、身障者用トイレができただけで"福祉のまちづくり"ができた、というあさはかな錯覚をふりまかれてはたまらない。重度の障害者が人として尊重され、生活できなければナンセンスだ』として、生存権の確認を前提に、生活圏の拡大をはかり、それを生活権の確立によって支えられなければならない」[28]、「それらの"物理的障害"を取り除いて行く過程を通して、人間としての基本的な権利（いのちが守られ、生活が保障される）を回復していく、そのこ

第 4 章　仙台市における生活圏拡張運動と「福祉のまちづくり」

とが、生活圏拡大運動[原文のまま]の原点でなければならない」[29]という、集会参加者のひとりによる「生活圏」から「生活権」へという指摘は妥当なものである。しかし、この「生活権」が運動の前面へと押し出されようとしたとき、仙台市における「福祉のまちづくり」運動は結果として衰退の一途をたどらざるをえなくなってしまった。

「[生活権拡張運動は]ある程度の成果は上がったが、最終的な目標であった居住と職業の問題はあまりにも大きく、そこまで達するところまでは行かなかった」[30]とされている。しかし、当時の運動に参加した障害当事者の中には、職業を得、結婚して家庭を持つことで生活施設から退所して「地域生活」に移行する者もあらわれた。施設に入所していたときには、その近接性ゆえに会議や打ち合わせを頻繁に開くことができた。ところが、それぞれが家庭を持つようになり、また居住の場が施設外になると、集まること自体が難しくなった。さらに、同じ身体障害でもその種別により運動に求めていたものには違いがあり、当初から同一の歩調をとることが難しく、こうした傾向が一部の当事者の「自立」によりさらに強まってしまったことも看過することが出来ない[31]。このように、「生活権拡張運動」は一定の成果をあげており、まさにその「成果」ゆえに運動衰退の要因をも内包していたのである[32]。

また、当時のシビル・ミニマム論[33]における福祉施策のスタンスにも、運動衰退の原因が潜んでいた。島野は社会福祉施策に対する当時の基本的考えかたを次のように述べる。

　　住民要求が国に先行したかたちで実施されている各自治体の多様な福祉施策のなかには、本来、国が実施しなければならない施策もふくまれていますし、また、国の基準が低く実態と遊離しているために法外援助という形で具体化されているものもみうけられます。
　　このような自治体──とくに先進自治体における福祉施策は高く評価されていますが、一方では多額の財政負担が生じるため自治体独自の福祉施策に向けられるはずの財源がその分だけ侵しょくされるという問題が生じています。と同時に、自治体が住民の要求にこた

79

えて福祉の面での施策を充実させていけばいくほど国の責務があいまいにされるという結果が生じることもみのがすことはできません。

また、多くの住民には自治体の姿勢いかんによって、社会福祉施策はどのようにでもなるという印象をつよくあたえ、本来、国にむけられるべき要求が自治体にむけられている場合もみうけられます。

こうした矛盾を解決するためには自治体の側にも国と自治体の分担領域を明確にするための主張と行動が必要となってきます。

すなわち、社会福祉施策のうちその基盤となるべきもの——年金、医療対策、住宅建設などは国の責任において整備されるべきであり、それ以外のもので地域に対応したきめのこまかいサービス的な福祉施策は、自治体が住民のニードを直接はあくできるということもあわせ考えますと自治体の責任においてとりくまれるべきでしょう[34]。

このように、福祉施策における国と地方自治体との「役割分担」を考慮するなら、住民参加型で福祉重視という方針を市長が採用したとしても、地域社会レベルで実行可能な政策には限度があったと考えないわけにはいかない。日常生活における行動範囲を制限する様々なバリアを減らし、活動範囲を広げようとする「生活圏拡張」が「生活権」にまで要求の水準が高まったとき、先進的な地方自治体といえども、これに応えることが難しくなってきたと考えることができる。そして、政策担当者の姿勢が変わるとき、そうした傾向はさらに強まらざるを得なかった[35]。

「わが国のユニバーサルデザインのまちづくりが、福祉のまちづくり運動から進展してきたことを考えると、仙台がユニバーサルデザインのまちづくり発祥の地と捉える」[36]という指摘は妥当である。また、「身体障害者、高齢者、病弱者その他日常生活上又は社会生活上の行動に制約を受ける者（以下「身体障害者等」という。）による円滑な利用を図るための施設等の構造、設備等に関する整備（以下「福祉整備」という。）その他の条件の整備の促進について、市、事業者及び市民の責務を明らかにするとともに、福祉整備に関する施策を推進することにより、市民の福祉の増進に資することを目的」とする、1996（平成8）年に制定された仙

台市「ひとにやさしいまちづくり条例」にも「生活圏拡張運動」からの連続性が存在している。しかし、その源流から今日に至るまでをたどろうとするとき、以下のような断絶面も存在している。

　物理的なバリアが解消されることで、身体障害者をはじめとする生活困難をかかえる当事者の発達・成長は、望ましい方向へと導くことができるのであろうか。その際、障害の種別はどこまで考慮が必要だろうか。地方行政が福祉施策として可能なことは、こうした「物的環境整備」にとどまるのであって、それを越える生活権に関する部分については、国レベルの政策ないし当事者個人の「自己責任」という両極のいずれかに落ち着いてしまうのだろうか。高齢者を念頭においた現在の介護保険制度と同じ枠組みで、彼ら／彼女らの社会生活を支援できると考えることは妥当なのだろうか。そして、各種行政的手続きを必須とする今日の福祉的支援においては、一人ひとりの当事者がかかえる生活課題や要求は、「煩雑な手続き」のなかに埋没する危険性にさらされているのではないだろうか。

　仙台市を発祥とする「福祉のまちづくり」は、1970年前後という時代背景を考慮したうえでもなお、今日における社会福祉を考える上で避けては通ることのできない課題を提示している。そして、「本当に人をたすける時はまずその人たちの中に入りなさい。そしてそれらの人々が全てを自分がやったのだと思って自立する時それが良い援助なのだ」[37]という信念に支えられた福祉専門職（ソーシャル・ワーカー）の存在抜きでは、障害当事者を地域社会レベルで支えようとする福祉コミュニティの源流形成はなかった。障害当事者による運動のみならず、菅野鞠子のようなソーシャル・ワーカーの誕生と成長を支援すること、それは今日における社会福祉専門教育に携わる者の課題である。

[注]

1) Goffman;1961.
2) 田代;2002a:519.社会福祉研究センター田代国次郎先生による示唆、資料提供がなければ本調査研究は不可能でした。不勉強な平川の質問に、しかも「よい

思い出の無い仙台時代」について教えていただき、「福祉教育者」のあるべき姿をも学ぶことが出来ました。この場を借りて感謝します。
3) 一連の動向については田代（2002b:461-517）を参照。
4) 本調査は、平成16年度～18年度科学研究費補助金（基盤研究C-2）「福祉コミュニティの研究－身体障害者福祉モデル都市事業の検討を中心として─」（研究代表・平川毅彦）によって行われた。
5) 文献により「生活圏拡張運動」と「生活圏拡大運動」という2種類の記述が混在しているが、本論ではその運動体の名称から前者の表記に統一した。
6) 近藤（1996）を参照。なお、近藤は1970（昭和45）年秋に筋ジス研究所を設立するという理由で病院長を辞し、仙台を去っている。
7) 1965（昭和40）年より、西多賀病院では新患の肺結核患者収容を停止し、代って重症児（者）を収容した。2006（平成18）年時点では490床の割合は筋ジス（160）・重症児（者）（80）・一般（250）である（西多賀病院HP http://www.hosp.go.jp/~nisitaga/、2006年5月29日参照）。
8) 2005（平成17）年秋に町田市図書館で菅野鞠子の「自伝」（2000a,同b）を発見したときは既に亡くなられた後であった。ご冥福をお祈りします。
9) 菅野;2000a:10.
10) 朝日訴訟記念事業実行委員会編（2004）を参照。なお、1973（昭和48）年に仙台で開催された「車いす市民交流集会」に参加し、その後名古屋市で「福祉のまちづくり」運動の中心となった団体が、「愛知県重度障害者の生活をよくする会」である。この団体のブレーンとなったのは、「朝日訴訟」の中心にいた長宏・児島美都子夫妻である。「愛知県重度障害者の生活をよくする会」設立当初からの中心メンバーであった山田昭義は次のように述べている。「長先生は、患者運動がずうっと長くて、名古屋に来て、愛知県重度障害者の生活をよくする会の勉強会で、障害者運動の我々とかかわっていただいて、ずうっとご指導していただいた。……実は[昭和]48年の7月に、児島美都子先生に、瀬戸の雲光寺というキャンプを張っているところで、僕は出会ったわけです……児島先生に、種を蒔いていただいて、長先生に、せっせと水を蒔いていただいて、名古屋のというか、愛知県、あるいはこの地方の障害者運動を育てていただいた」（児島;2003:223-224に収録された長宏3回忌記念シンポジウムの記録から）。アメリカにおけるIL運動や日本における「青い芝の会」などと並び、「当事者運動」の重要なルーツとして、この「患者運動」は位置づけられなければならない。
11) 菅野;2000a:15.
12) その後、菅野は1974（昭和49）年に東京都町田市職員として街のボランティア育成にたずさわった（平成10年まで）。
13) 仙台青年学生センターHP http://ssc.uccj.jp/newcomer/newcomer.html、

第 4 章　仙台市における生活圏拡張運動と「福祉のまちづくり」

　　　2006年5月31日参照。
14）　近藤;1996:64.
15）　当時、このワークキャンプに参加して菅野とも交流があり、卒業後厚生省をへて参議院議員（自民党）になった阿部正俊は当時の状況を次のように記している。「仙台キリスト教学生センターという所が活動拠点でして、その中にいくつかのサークルがあるわけです。これは仙台近在の大学の学生たちが、自由に参加できるサークルがいくつかありまして、例えば英語の勉強会だの、音楽だの、ダンスだのもあるのです。その中でちょっと変わっているのが勤労奉仕団です。ワークキャンプと言って、これはキリスト教学生センターの最大の組織なんです。……ワークキャンプというのは、各大学から参加するメンバーで組織されていて、登録者は七、八十人で、毎回実働の参加人数は三十人ぐらいでした。週末の金、土、日曜日を、例えば保育所の建築物のコンクリート打ちをやりましょうとか、肢体不自由児施設で、プールを造るので穴掘りをやろうとか、花壇作りをやりましょうとか、あるいは乳児院の体育館の床がえらく汚れているから、そこの掃除をしましょうという活動なのです。あるいは老人ホームの裏の山が少し崩れているが、梅雨期に向かって出水があると大変なので、そこを修復して側溝を掘りましょうとか、そういうような労働奉仕です」（阿部正俊HP、http://www.abe-masatoshi.org/、2006年5月31日参照）。
16）　島野市長に関しては以下のような記述がある。「島野市長さんは、全国の革新市長会の会長になり、陣頭に立って活躍されたのであるが、その政治活動の在り方は、少なくとも仙台市政の面においては、保守的とは言わないけれども、与党になっておられた保守派の方々の立場を考え乍ら、市政運営に当たられ、県会議員や国会議員の方々に対しては、特に革新色を打ち出さないような配慮が、見受けられたのである。而も、健康都市宣言を行い、福祉行政に力を入れて来られたので、市民各階各層の支持を得ることが出来るようになったのである。このようなことで、市民党と云うか、島野さんの個人票が次第に増加し、安定した選挙で、仙台市政始まって以来の長期である七期もの当選の栄に浴されたわけである」（市政研究会;1985:7-8）。
17）　仙台市史編さん委員会;1997:428-429.身体障害者福祉モデル都市事業全般に関しては平川（2004）を参照。
18）　『PHP』1973年10月号:42-43.
19）　岩田;1975:15.
20）　しかし、菅野のこうした発想に対して、「わたしたちにとって、ごく当然のこの結論も、当時としては突拍子もない考えだったらしく、出だしからすごい圧力」がかかり、「ある偉い方から自宅まで呼びつけられ理屈抜きで怒鳴られた。以下関係者は右ならえ（西多賀病院の[近藤]院長先生は故郷の徳島へ帰られて

もう居られなかった)。『施設否定主義』とか『アカ』とか『クロ』とか、わたしには表面上、対外的にも動けなくなった分、障害者の方々とボランティアが動いた」(菅野;2002a:61)。

21) 菅野;1972:2-3.
22) 岩田;前出:15:資料4-1,4-2.
23) 菅野・村上;1973:989.
24) 「車いす体験旅行、福祉のまちづくり市民集会」資料;1973:6)
25) ノーマライゼーションに関しては平川(2002)を参照。なおBank-Mikkelsenによる規定は、1959年に発布されたデンマークにおける知的障害者の処遇に関する法律(精神遅滞者ケア法)に関わる内閣行政令の一文によるものである(中園;1996:16)。
26) 菅野;1973:6.
27) 「車いす体験旅行、福祉のまちづくり市民集会」資料;1973:12)
28) 水原;1976:252.
29) 生活圏拡大運動東京連絡会編集部;1973:4.
30) 岩田;1995:66.
31) 例えば、1971(昭和46)年に生活圏拡張運動実施本部は、視覚障害者団体やろうあ者団体と連携を図ろうとして失敗している。また、筋ジス当事者団体「ありのまま舎」の前身である「地域福祉研究会・仙台」とも、「課題の重さの違い」から共同歩調をとることが難しかったとされている(関係者への面接調査より)。
32) こうした要因を「自己消滅系のシステム」として積極的にとらえることもできるかもしれない。「福祉サービスというのは、ほんらい、地域社会の人々が平等で、すべての障害者が教育、就労、社会参加の場で同等の生活を享受できる社会においては、存在する必要のないサービスである」(中西・上野;2003:207)。
33) 「シビル・ミニマムという言葉は、イギリスの『ベバリッジ報告』で有名なナショナル・ミニマムをもじった和製英語であるが、シティズン・ミニマムという言葉などとともに、すでに1965年前後に地域民主主義を訴えていた自治体専門家のあいだでつくられた言葉である。……中央政府による体制的制約を認めながらも、なお市民の地域民主主義的活力を基礎に、自治体の政治的自立性をいかに実現するかという観点から、このシビル・ミニマムという発想が生まれた」(松下;1971:273-274)。
34) 仙台市;1973:27.
35) さらに、以下のような指摘を踏まえるとき、仙台という地域社会の特性も考慮しなければならないかもしれない。「宮城県の障害福祉にとって忘れられない人々。徳島におられる近藤文雄先生、町田市に住む菅野鞠子さん等々。"カネ"

や"権力"に負けず、信念を貫ぬき通し、今も先駆的なお仕事をされている素晴らしい方々が生まれたのに、どうして宮城の土壌に定着されなかったのであろうか」（筑前;1980:2)。

36) 仙台都市総合研究機構;2004:64.
37) 菅野;2000a:2.菅野はこれをマザーテレサの言葉としている。しかし、彼女の主要な作品を調べた限りではこうした文章を見つけ出すことはできなかった。しかし、これに極めて類似したものとしてJames Yen（1893-1990）の「人々のなかへ」がある。これは地域医療の実践家（色平哲夫HP　http://irohira.web.fc2.com/　2016年3月10日参照）、そして精神障害者への地域における支援を行ってきたソーシャル・ワーカー（向谷地;2009）によって紹介されている。向谷地は「この詩から私は、ソーシャルワークの真髄と、大切な"わきまえ"を教えられた」（同,p.234）と記している。神馬（2009）による翻訳「人々のなかへ」を以下に記す。

　　Go to the people
　　　　　　　　　　Dr. James Yen
　　人々のなかにいけ
　　ともにくらし
　　そこで学びなさい
　　知っていることから始め
　　今あるものの上に何かを築こうとしなさい
　　何かを見せながら教えなさい
　　何かをしながら学びなさい
　　できあいの商品を選び取るのではなく、
　　それをいかにつくりあげるかに心を向けなさい
　　中途半端にならない仕組みを考えなさい
　　救済ではなく解放をめざしなさい
　　最善の指導者とともに
　　一仕事を終えたとき
　　人々はみなこう言うでしょう
　　「私たちが自分たちでやったんだ」と

[文献]

朝日訴訟記念事業実行委員会編.人間裁判—朝日茂の手記:大月書店;2004.
神馬征峰.人々のなかへ～ジェームス・イエン～（ドラマチックな公衆衛生　先達たちの物語４）.公衆衛生73-4;2009:306-309.
Goffman,Erving. Asylum;Essays on the Social Situation of Mental Patients and Other Inmates :Anchor Books;1961（石黒毅訳.アサイラム—施設被収容者の日常生活－:誠信書房;1984）.
平川毅彦.ノーマライゼーション概念の展開と課題—グローバリゼーションとの関連において—.平川毅彦・津村修編.グローバリゼーションと医療・福祉:文化書房博文社;2002:45-65.
平川毅彦.「福祉コミュニティ」と地域社会:世界思想社;2004.
岩田輝夫.私たちの生活圏拡張運動本部とは.福祉ジャーナルNo.6; 1975:15-17.
岩田輝夫.共生福祉会を振返る.共生福祉会30周年記念誌;1995:65-66.
菅野鞠子.仙台市を中心とした「身障者生活圏拡張運動」.日本肢体不自由児協会.手足の不自由な子どもたち第158号;1972:2-3（菅野;2000b:1-2に収録）.
菅野鞠子.宮城県では……（連載・各地からのリポート（その二）広げよう車いすの生活圏）.日本肢体不自由児協会.手足の不自由な子どもたち第168号; 1973:4-6（菅野;2000b:3-5に収録）.
菅野鞠子.気がつけば　それぞれが　それぞれに咲く野原かな—福祉の夜明け前進を願って体当たりで生きた三十八年の記録:自費出版;2000a.
菅野鞠子.気がつけば　それぞれが　それぞれに咲く野原かな[No.2]－車椅子で歩ける住める街づくりを日本で最初に運動を起し全国へ拡め今のバリアフリー化へとつながる—:自費出版;2000b.
菅野鞠子・村上信.仙台から.総合リハビリテーション第1巻10号; 1973:989-991.
児島美都子.妻が綴った夫の「自分史」—在宅介護体験から夫、長宏（おさひろし）の生涯をふりかえる—:風媒社;2003.
近藤文雄.先生、ぼくの病気いつ治るの—障害者と生きて四十年－:中央公論社;1996.
松下圭一.シビル・ミニマムの思想:東京大学出版会;1971.
水原孝.日本の福祉はこれでよいのか:泰流社;1976.
向谷地生良.統合失調症を持つ人への援助論—人とのつながりを取り戻すために:金剛出版;2009.
中西正司・上野千鶴子.当事者主権:岩波書店;2003.
中園康夫.ノーマリゼーション原理の研究—欧米の理論と実践—:海声社;1996.
西多賀病院.にしたが　創立35周年記念誌;1969.
PHP編集部.僕も映画を見たい.PHP1973年10月号;1973:41-46.

生活圏拡大運動東京連絡会編集部.生活圏運動の原点—仙台　福祉の街づくり・車いす市民交流集会から—.生活圏ニュース No.1;1973:4.

仙台市.心身障害者（児）白書　福祉のまちづくりはみんなの手で;1973.

仙台市史編さん委員会.仙台市史　特別編4　市民生活:仙台市;1997.

仙台都市総合研究機構.ユニバーサルデザインが都市と市民のQOL（生活の質）の向上に果たす役割とその普及・啓発方策に関する基礎研究（2003 SURF 研究報告書）;2004.

市政研究会編.市政研究会々報（島野市政回顧録）;1985.

田代国次郎.東北地域社会福祉史（田代国次郎著作集2）:社会福祉研究センター;2002a.

田代国次郎.地域社会福祉調査（田代国次郎著作集4）:社会福祉研究センター;2002b.

筑前甚七.発刊にあたって.全国障害者問題研究会宮城支部.宮城の障害者問題創刊号;1980:1-2.

社会関係の主体的側面と福祉コミュニティ

資料4-1　[仙台]身障者生活圏拡張運動実施本部配付ビラより

主な活動
・車道と歩道の段差と商店、公共建物のスロープ化
・身障者でも利用できるトイレをまちの中に
・車椅子・松葉杖でも自力で乗り降りできる列車・バス・市電の改善
・身障者でも何不自由なく生活できる住宅を
・身障者でも健康な人と同じように働く仕事を
・その他
　身障者の生活環境を広げるためのスライド「みんなのまちづくり」（このスライドの貸し出しもして居りますのでご利用ください）[このスライドは2007年3月現在処在不明]。
例会　毎週金曜日、場所は西多賀ワークキャンパス
　　　　18時より＊会員以外のかたも気軽においで下さい。
　身障者・老人・子供でもちょっとした配慮で安全にしかも自由に生活が出来るような街をみんなの力でつくり、市民一人一人がボランティアであるみんなの街に！
・外出する二日も三日も前から水分をひかえなければ街に出ることが出来ない現状にあることをごぞんじですか？
・映画を見に行くのにタクシーの車代のほうが高いのです。タクシー以外の乗り物を利用できないのをご存じですか？
・街に出ても段があるためほしい物が目の前にあっても手に取って見ることが出来ないことをご存じですか？
　こんなことのないまちにみんなの手でみんなの街を！
[図表等省略]

資料4-2　[仙台]国際シンボルマーク普及運動（福祉のまちづくり運動）配付ビラより

名称　この運動の推進団体を仙台市民のつどいの会、子どもの城づくり委員会、仙台ワークキャンプ、身障者生活圏拡張運動実施本部とする。
参加の方法　自主と責任の名のもとに行なわれる運動であるから、自らの問題として対処していこうとする人ならば誰でも参加できる。
生い立ち　1971年、独自の運動を拡げつつあった身体障害者生活圏拡張運動実施本部と子どもの城づくり委員会（市民のつどい）、そして仙台ワークキャンプが具体的な活動を通してお互いを知り、同じ目的ならば協力し合えないはずはないということで結成された。そして、発足当初は、各団体の連絡や調整に留まっていたものが、

現在は、会独自の運動が形成されつつあります。
目的　私達が現在の社会を見わたした時、健体者[原文のまま]にしか目の向けられていない生活環境の中で身体に何らかの障害を持っている人達が日常及び社会生活を自力で営むには非常に困難な現状にあることを知らざるをえません。私達は、社会の中に生きているすべての人間が、"かけがえのない個人の生活と生命の重み"ということをもって、他の人の哀しみを共に自分達も考えようとすることによって、みんなが安心して生活できるような"よりよい社会の建設"を目指します。そして、単に物質的に実現していくだけではなく、市民ひとりひとりの理解のもとで実現していくことを目的としています。
活動　この会の各推進団体・個人は、目的達成のため自主的に活動（自らの手を汚して）するものとし、その現況結果を定例会に報告し、さらに、これらの団体・個人の活動の中から特に協力して行なえる活動は会全体の活動として強力に推進する。
　具体的活動：現在は特に肢体に障害を持つ人達が安心して生活できる環境（車椅子で使用可のトイレ・階段等）の獲得という点に重点を置いた活動を行なっており、その中心となるのは身障者が利用可能な施設を示す国際シンボルマークの普及活動です。
(1)対象　官公庁、デパート、ショッピングセンター、図書館、病院、公園、映画館、歩道（横断歩道橋）等の施設及び建築物。
(2)方法　上記の施設及び建築物が、身障者でも利用できる施設かどうか（トイレ・階段・エレベーター等）を基準に基いて調査し、国際シンボルマークの貼付を許可し、あわせてその意義を訴える。又、行政機関、各団体に対しては、陳情及び啓発活動を行ない一般市民にも理解を求める活動をする。
「福祉のまちづくり市民の会」は今後精力的に問題点を発掘し、調査・研究し、当面の活動目標として次のテーマを志向します。
1.点検・要望点検・要望の積み重ねを継続し国際シンボルマーク運動の充実をはかる。
2.公共的な建物を建築する際は設計の段階で配慮されるよう、関係機関および業者への働きかけを実施する。
3.繁華街歩道中心のスロープ化を逐次全市に亘るよう働きかける。又歩道橋のスロープ化実現に歩をすゝめる。
4.バス、タクシーなどの交通機関に車椅子利用者へのサービス便宜提供の協力体制の整備を要望する。
5.東北新幹線仙台駅舎新築に際しての要望を重ねて陳情する。
6.寝たきり老人や重度障害者のための巡回浴槽車の配備を市に強く要望する。
7.身障者用住宅建設の促進を要請する。
8.障害者の雇用促進をはかるよう関係機関に働きかける。
[図表及び国際シンボルマークの解説等は省略]

第5章
別府市における福祉のまちづくりと「車いす市議」の役割

Ⅰ　はじめに

　第4章で論じたように、1960年代に「福祉のまちづくり」運動がはじめて起こった仙台市では、施設から地域社会へという道筋を辿ってきた。これに対して、ほぼ同時期の別府市における同運動では、生活型施設を拠点とした地域社会形成という点で大きな違いがある。

　「チャリティよりも機会を」「"太陽の家"に働くものは被護者[原文のまま]でなく、労働者であり、後援者は投資者である」という理念の下、1965（昭和40）年別府市亀川地区に身体障害者収容授産施設「太陽の家」は創設された。しかし、創設者であり整形外科医でもある中村裕[1]は早速挫折を経験する。

> 熟練した身障者を一般社会に就職させようと努力し昭和41年－42年の二年間に関係者の協力により、46人が就職していった。しかし、結果は惨敗であった。あれだけ「太陽の家」の中では優秀であった車イス労働者も就職にあたって慎重に打ち合わせたにもかかわらず、褥瘡（下半身マヒ者の死因のほとんどは、この褥瘡と尿路感染である）をつくって帰ってきた。「太陽の家」の中では100％車イスでどこにでも行けた彼らも一歩外に出て階段やステップなど、あまりにも多くの物理的障害のある環境に打ち勝てなかったのである[2]。

　そこで中村は「身障者の社会復帰よりも『太陽の家』自身の授産場を高賃金の工場[福祉工場[3]及び共同出資会社[4]]」とし、後に「『太陽の家』のフェンスをなくし、食堂、温泉（近くに温泉がなく、三百世帯が入浴にくる）体育館、プール、集会場などを一般市民に開放し、また雇用促進事業団によるアパートも、一階は車イス労働者が居住し、上層階は健常者用」とする「身障者、健常者混在の環境づくりをめざし成功した」[5]。

社会関係の主体的側面と福祉コミュニティ

それが別府市における「福祉のまちづくり」へとつながる出発点である。本章では施設としての太陽の家そのものではなく、この施設が位置する別府市亀川地区[6]を出発点とした「福祉のまちづくり」運動に焦点を絞り、残された資料や関係者への面接調査結果を用いて、今日における意義と課題を析出してみたい。なお、以下文中における役職・組織名等は当時のものである。

Ⅱ　太陽の家と「福祉のまちづくり」

　1965（昭和45）年に12名（障害者7名・健常者5名）から出発した太陽の家は、脳性マヒ・脊髄損傷・ポリオ後遺症者を中心として、10年後には300余名の身体障害者を受け入れるまでになった。また、1972（昭和47）年の福祉工場設立に伴い、雇用障害者数も70名前後にまで増加するに至った（表5-1）。「働くこと」を第一の目的とする障害者がこうして一つの場所に集められたのである[7]。

表5-1　太陽の家（別府）障害種別人数

	脳性マヒ	脊髄損傷	ポリオ	進行性疾患	骨関節疾患	視聴覚障害	切断	脳血管障害	その他	合計	施設利用者	雇用障害者
1965	-	3	-			-	4	-		7	-	7
1966	4	8	5		2	1	7	-	2	29	22	7
1967	21	12	11	5	5	2	12	-	10	78	69	9
1968	30	18	13	6	10	3	12	-	11	103	94	9
1969	33	27	18	8	16	3	13	-	20	138	130	8
1970	42	35	18	7	21	6	4	-	23	156	150	6
1971	50	42	23	8	15	9	8	-	28	183	177	6
1972	88	56	38	13	18	12	10	-	38	273	234	39
1973	96	59	44	11	22	11	13	-	32	288	225	63
1974	114	62	41	11	27	12	18	-	33	318	245	73
1975	109	60	38	8	26	13	16	7	33	310	243	67
1976	104	54	39	8	24	15	15	8	37	304	235	69
1977	106	51	36	8	22	16	16	6	43	304	235	69
1978	124	56	40	9	21	14	13	-	44	321	250	71
1979	144	44	42	6	19	17	14	-	55	341	256	85
1980	162	44	39	10	18	19	12	-	62	366	262	104

（太陽の家；1995:95）

第5章　別府市における福祉のまちづくりと「車いす市議」の役割

　また、「単なる同情や保護だけでは身障者の本当の幸福はあり得ない。家庭や社会の厄介者でなく残存する機能を最大限に活用して、自ら働き自ら稼ぎ自分の力で生活し、今までの税金の消費者の立場から納税者の立場に代り、堂々と胸を張って、一人前の社会人としての誇りをもてるようになってこそ初めて真の心の幸福が訪れる」[8]という理念の下で生産性を高めた結果、経済的に余裕が出てきた（表5-2）。その結果仕事以外にも目が向くようになり、余暇活動ないし社会参加活動として「まちに出る」ようにもなった[9]。

表5-2　別府太陽の家給与・工賃支給実績（平均月額）

	別府授産（身障重度）	別府福祉工場
1966	3,000	-
1967	6,000	-
1968	12,500	-
1969	14,500	-
1970	17,300	-
1971	19,400	-
1972	21,300	-
1973	25,800	-
1974	29,866	-
1975	30,823	69,399
1976	34,852	71,536
1977	38,344	79,465
1978	36,714	92,206
1979	35,741	95,590
1980	36,464	108,013

（太陽の家;1995:93 より作成．単位円、1973 年以前は推定値）

　1973（昭和48）年2月、太陽の家利用者270名で組織する「福祉都市を推進する会」代表である吉松時義福祉工場長をはじめとした4名の車いす[10]利用者が、荒金市長（当時）あてに陳情書を提出する。「別府市は豊かな温泉に恵まれ、他都市に比べ私達のような身障者や老人が多い。それにもかかわらず身障者への環境づくりが進んでいない。市民憲章に福祉都市建設を盛り込み、厚生省が選定を急いでいる身障者福祉モデル都

93

市に別府市が指定されるよう積極的に運動してほしい」というものであった[11]。また同年7月には、「車イスで外出したり買い物に出かけたいのだが、市内亀川一帯の国道10号線は歩道が電柱や交通標識に占領されており、車イスでは通れない」と九州電力別府営業所、別府警察署、建設省大分国道維持出張所などに歩道の改善を陳情、また国鉄別府駅でも利用に際して利便を図るよう陳情を行った[12]。

　こうして、1973（昭和48）年7月27日に別府市は厚生省による身体障害者福祉モデル都市事業[13]の指定を受け、国からの1000万円、県および市からそれぞれ2000万円、合計5000万円の予算で各種の整備事業（公共施設におけるスロープや車イス用トイレの設置等）に着手した。また、「福祉都市を推進する会」では、『ハンディキャップ別府ガイド』（車イスガイドブック）を同年10月に発行し、別府市内で車いす利用者が外出の際にアクセスすることのできる施設・公園等々をその利用可能度別に紹介した。しかし、「私たちが調査した限りにおいては、ハンディをもった市民が何のためらいもなく街へ出かけることは極めて困難で、道路や建物、入口の段差、ドアやトイレの巾、大きさ、方向などが車イス使用者である調査員の障害となり、大部分の建物は使用不可能でありました」[14]という結論が出されなければならないほど、当時の別府市での整備はすすんでいなかった。

　また、別府市が身体障害者福祉モデル都市指定を受けるまでの過程を別の側面からたどるなら、太陽の家理事長である中村裕の政治力が大きかったことが判明する。身体障害者福祉モデル都市事業という発想自体、中村が厚生省に働きかけることによって実現したものとされている[15]。さらに、事業指定の条件は人口20万以上の都市であった。しかし、当時の別府市は1970（昭和45）年で123,786人、1975（昭和50）年時点でも133,894人（いずれも国勢調査結果より）と、基準に到達していない。しかし、中村は「政府首脳に強く働きかけ」るとともに、先の「福祉都市を推進する会」を組織し、大分選出の代議士にも働きかけるなど、「中村の秘められた政治力」が大きな役割を果たしたとされている[16]。

　第4章で検討した仙台市の事例と比較するとき、別府市における「福祉

第 5 章　別府市における福祉のまちづくりと「車いす市議」の役割

のまちづくり」の源流は、太陽の家という「施設」を中心とした亀川地区という周辺部分にのみ広がりを持ち[17]、また車いすを利用する当事者というよりも、中村裕といういわば「カリスマ的なリーダー」によって導かれ展開した、と考えないわけにはいかない。しかし、中村の提案によって日本ではじめての「車いすの市議会議員」が別府市で誕生し、車いす利用者の視点からの問題提起が市議会でなされたとき、別府市全体における福祉のまちづくりの課題が明確に提示されたのである。

Ⅲ　「車いす市議」の役割

　1975（昭和50）年4月の別府市議会選挙において、太陽の家のメンバーであり車いす利用者の吉永栄治氏が1868票を獲得、48人中14位で当選した[18]。これ以降、吉永氏はどの政党・会派にも属さない無所属議員として3期12年にわたって「当事者」の視点から活動を行い、「福祉のまちづくり」への課題を明らかにしていった。

　1975（昭和50）年7月1日、別府市議会定例会で吉永市議は次のような質問を行う。

　　別府市が昭和48年に福祉モデル都市として指定されてから、50年度までに1億1241万2千円というような事業費を計上してモデル都市事業を推進してこられましたけれども、福祉行政の最も集約した形がこの福祉モデル都市事業だと私は思っております。そしてこの問題が今日どうこの別府市の中で進められていくかということが、老齢人口の増大とか、子供の問題とか、身障者の問題とか、そういう全般の福祉行政の目安になるんではないかと思っております。そういう観点から若干のご質問をしたいと思います。

　　私は、今厚生委員会に属しておりますけれども、その厚生委員会の席上で、50年度でこの事業は一応打ち切ろうというお話しでありました。これは真偽かどうかというのがまず一点でございます。

　　それからこういう問題は打ち切られても何らかの形で推進される

95

だろうと期待しておるわけでございますけれども、今後どういう別府市の機構の中でこの問題をとり入れられていかれるものかということについて、市長さんにお聞きしたいと思います[後略][19)]。

　吉永市議の身体障害者福祉モデル都市事業に関する質問に対し、脇屋市長は以下のように答える。

　　昭和48年に当市が身障者モデル都市に指定されまして、御指摘のようにその後昭和48年度に5千万円、49年度に3千万円、50年度に3千2百万円の投資をいたしております。主として交通安全施設を初めとした投資でございますが、まだまだこれで十分だとは思っておりません。今後さらに市独自の施策を国や県の援助も受けながらやって参りたいと思っております。[中略]そしてこのモデル都市の指定が有名無実ではなく、文字通り福祉都市として充実をして参るための努力を続けていかなければならないと思っております。そして私はかねがね申し上げております観光福祉都市としての別府市がますます充実し、身障者の皆さま方の暮しやすい、また働きやすい町になることのために、一そうの努力を重ねて参る所存でございます[20)]。

　こうした型通りの回答に対して、身体障害者福祉モデル都市事業をめぐる吉永市議の不満が示される。

　　今まで一番私が問題にしているのは、今後この事業をどうやった形で進めていくか。つまり福祉モデル都市の整備事業というものは今年で中止するのかどうか。昭和50年度までは県が毎年1千万円を補助してきた。51年度から補助しないのか。それによって福祉整備事業を50年度で打ち切りにするのかということでございます。そして打ち切りにするんだったら、どういう別府市の機構の中でこれを取り入れていくのか、ということを御質問しているわけでございます。[中略]

第 5 章　別府市における福祉のまちづくりと「車いす市議」の役割

　　　身障者福祉モデル都市というのは身障者のための町づくりではないということを認識していただきたいと思います。道路は段差がなくなるということは新聞配達する少年の自転車にも安全でございます。うば車を押したお母さん方が安心して買物に行けるということでございます。老人方が安心して町を歩けるということでございます。こういう問題を身障係の中でやったということが私は別府市の大きなミスではないかと思っております。各都市で今36都市が指定されておりますけれども、身障係でやっている都市なんていうものはないわけでございます。もっと大きな観点でみんなのための町をつくろうではないかということを市民に訴える必要が私は行政の中にあるのではないかと思います。どうですか[21]。

　吉永市議のこうした質問に対して脇屋市長は一般論を述べることに終始し、最後まで議論はかみ合わなかった。別府市議会の場で、身体障害者福祉モデル都市事業への行政当局の姿勢が明確にされ、さらに「身障者モデル都市というのは身障者のための町づくりではない」という主張が当事者によってなされたことは注目に値する。しかし同時に、「福祉のまちづくり」という発想が行政当局者に対して十分理解されていなかったことを示していることも事実である。

　また、1979（昭和54）年12月12日の市議会定例会では、モデル事業の一環としてつくられた車いす用トイレなどについて利用者の視点から以下のような指摘を行っている。

　　　海門寺公園内のトイレについて、それじゃ私が調査した限りにおいてお知らせいたしますけれども、ドアは全然閉まったままで明かない［原文のまま］わけです。いろいろあそこは夜遅くに使われる公園なんで、［中略］全く今使いようがないという状態でございます。ドアがもう閉まったままで中の便器も使えないという状態でございます。いろいろ街に出て来るそういうトイレを必要な身障者の意見を聞きますと、一番使われるのがこの海門寺のトイレだそうでござ

います。本来は観光会館のトイレを使いたいんですけれども、あそこは建物の中だからなかなか入りにくいと。あと的ヶ浜公園等にもございますけれども、ああいう所はなかなか公園に遊びに行った時でないと使えないと。あそこまではなかなか街にも出て来ても行けないという状況でございます。たとえば国立重度センターの人たちが市のバスとか、施設のバスを借りて月に1回買い物ということで町の商店街に出て来て、職員の方たちにつき添われてそういった買い物をしているわけですけれども、この海門寺のトイレ使えないということで非常に困っておられる。だからこれは早急に直していただきたいと思いますが、要望申し上げます。

[中略]

　それからこのモデル都市については、モデル都市が終わる年に市長は各課にそのモデル都市事業を行わせる。たとえば建築については建築家[原文のまま]にやらせるというような御答弁をされておるわけでございますけれども、実態としてはなかなかうまくいっていないんですね。志高湖の売店が出来たわけです。あれはむしろ公共的なものですけれども、あそこにも入れないんですね。それから南立石公園の中に緑の相談所というものがあるわけです。あそこも階段だらけで入れない。何か植木の相談に行こうと思ってもなかなか行けない。それから最近出来た青少年総合センターについてもしかりです。そういう公共的なものがまだまだ使えないというのが実態です。先ほど磯村構想についてもお話があったんですけれども、磯村構想の中にこういうものをちゃんとやりなさいというのが載っておるわけです。たとえばこういうことが書いてありますね。福祉環境をちゃんとやらなければいけないということの中に「身障者たちが別府の恵まれた自然環境、温泉施設等を一般市民と同じように親しむことは当然与えられるべき権利である。市域内に公共の施設で一般の利用に供するようなものについては、車いす等が自由に操作できるような配慮は別府をして観光福祉都市を名のる一つのしるしにもなるであろう。老人、子供そして身障者の楽園という評判を取

ってこそ町づくりの目的が達成される」というふうに基本計画の中にうたってあるわけでございます。そういうことからすると先進地では、そういう公共施設に必ずそういうものをつくるような条例を定めておる所がたくさんあるわけでございます[後略][22]。

こうした吉永市議による指摘に対して脇屋市長は以下のように答える。

　海門寺公園のトイレは早急に改善いたしたいと思います。
　また、諸施設の身障者用のスロープ等々の施設につきましては、私の指導力の不足で今日までの施設につきまして設置されていないことはまことに遺憾でございますし、今後は十分配慮いたしてまいりたいと、かように思っております[23]。

1965（昭和40）年に太陽の家がスタートし、その利用者を中心として1973（昭和48）年に身体障害者福祉モデル都市事業指定を受けるべく「福祉都市を推進する会」を結成し、各機関への陳情を行い、モデル都市の指定を受け、各種の事業が展開した。しかし別府市全体として見た場合、吉永市議が車いす利用者としての立場から問題点を指摘し、解決の道筋を提示したことによって「福祉のまちづくり」は初めて動き出した[24]。

1978（昭和53）年の『ハンディキャップ別府ガイド（改訂版）』で、吉永市議は以下のような「車椅子市民よりの提言」を行っている。

　身体障害者福祉モデル都市の指定は、ハンディキャップを持つ人達の人間としての社会参加というロマンを満たすのに充分な施策であった。
　「福祉都市を推進する会」が「ハンディキャップ別府ガイド」を発行してから5年、都市構造はどのように改善されたか。その物的環境の総点検として、改訂版をご高覧頂き、読者諸氏が別府市の状況をご推察頂きたい。
　福祉のための街づくり運動の中で、私達は車椅子利用者にとって

住みよい街は、老人・こどもそして妊婦等にとっても住みよい環境となるだろうと提言してきた。段差のなくなった歩道で新聞少年の自転車も少しは便利になっただろうか。公園の贅沢なあのトイレをお年寄りの人達も、自分達のものとして使用して欲しいと祈念するのである。

　私は専用という言葉を好まない。そこには区別するものと区別されるものとのギャップを感じる。車椅子で通れる出入口が欲しいのであり、車椅子でも使用出来るトイレが必要なのであり、車椅子使用者でも利用できる公共交通機関を切望するのである。

　別府市は福祉の街づくりのために、1億800万円の施設整備の起爆剤を投じたにすぎないのであり、民間施設への影響を待望するものであるが、その数は極めて少ない現状である。

　車椅子利用者の改善された施設の利用率が少ないとよく指摘を受けるが、身体障害者の多くは、何百年もの永い間、偏見と閉鎖的立場にあったのであり、公園にトイレが設置されたからといって、だれもが公園に出かけて散策をたのしむ心境にはなれないであろうことをよく理解して欲しいのである。そして社会参加していく人々には、社会人としてのモラルを高めることによって、歓迎される市民になりたいと願うのである

　この本を手にされた一人一人が、改めて周囲の環境を見直し、福祉のための街づくりにご協力されるよう期待したい[25]（文中傍点は原文のまま）。

　1973（昭和48）年と78（昭和53）年の別府市におけるバリアフリー状況を比較するなら、物理的な環境に関する限り、「福祉のまちづくり」はこの間に進展した（表5-3、表5-4）[26]。しかし、市議会会議録に残された「海門寺公園のトイレ」をめぐる課題で示されているように、利用する者の視点からは、その整備が不十分であったことは明白である。当事者である吉永市議が、地方議会という意思決定機関において積極的な指摘・発言を行ってきたことは、大きな意味を持っている。別府市に在住する

第5章　別府市における福祉のまちづくりと「車いす市議」の役割

車いす利用者の視点と発言によって、「福祉のまちづくり」ははじめて血の通ったものになったのである。

表5-3　1973（昭和48）年時点の別府市におけるバリアフリー状況

	車椅子で利用できる最低条件を満たす	車椅子用トイレを除いては最低条件を満たす	なんとか利用できないことはないがいくつかの改造が必要	計
食事	0	1	2	3
ショッピング	0	2	2	4
娯楽	1	8	3	12
映画	0	2	1	3
スポーツ	0	1	1	2
公園	0	0	2	2
宿泊	0	1	4	5
公官庁	0	5	7	12
交通	0	0	4	4
病院	0	3	4	7
計	1	23	30	54

（福祉都市を推進する会;1973より作成．一部別府市周辺部を含む）

表5-4　1978（昭和53）年時点の別府市におけるバリアフリー状況

	車椅子で利用できる最低条件を満たす	車椅子用トイレを除いては最低条件を満たす	なんとか利用できないことはないがいくつかの改造が必要	計
食事	1	8	3	12
ショッピング	2	2	0	4
観光	3	9	2	14
娯楽・公園	5	3	3	11
文化・教養	4	1	6	11
スポーツ	2	3	0	5
交通	1	3	3	7
宿泊	3	8	8	19
官公庁	4	7	5	16
病院	8	2	0	10
施設	5	1	1	7
計	38	47	31	116

（太陽の家むぎの会;1978より作成．一部別府市周辺部を含む）

Ⅳ　まとめ

　創設者である中村裕医師のリーダーシップの下、就労を中心とした収容授産施設が別府市における「福祉のまちづくり」の出発点である[27]。工賃の上昇は生活に余裕を与え、施設の外へと徐々に生活圏を広げる条件となった。そして、これらを活かすための運動が「福祉都市を推進する会」メンバーによる陳情活動であり、吉永市議による議会活動をもってひとつのピークをむかえた。吉永市議の議会における発言・質問により、「福祉のまちづくり」の理念がいかに行政当局者に理解されていないのか、当事者の視点がいかに必要であるのか、障害者にとって暮らしやすいまちはそうでない人々にとっても暮らしやすく、さらには別府市の魅力を高めるためにも大きく貢献できることを明らかにしたからである[28]。

　他方、ほぼ同時期の仙台市における「福祉のまちづくり」との比較からいくつか気になる点がある。社会福祉の専門家（ソーシャル・ワーカー）と、市民ボランティア団体という要因である。しかし入手できた資料を参照する限り、別府市においては上記二者の存在を確認することが出来なかった。都市規模の違いを考慮しなければならないとしても、こうした要因が別府市でも確認できるような事態になっていたとしたら、より広範な市民運動として展開していたかもしれない。

　とはいえ、「一人ひとりの障害者に人間関係づくりをすることで、そこに具体的な新たな社会を『社会』のなかに内包させていく」[29]という作業の一端を別府市における「福祉のまちづくり」で確認することができた。声高に社会の変革を叫ぶのではなく、また健常者以上の能力を障害者に求めるのでもなく、あたりまえの生活を日常生活の場で営むことが可能な条件を捜し求めること。その原点こそが「福祉のまちづくり」の、そして「福祉コミュニティ」形成のための基本なのである。

第 5 章　別府市における福祉のまちづくりと「車いす市議」の役割

[注]

1)　太陽の家HPで中村裕の略歴は次のように記されている。「中村裕（ゆたか）博士は大分県別府市に生まれ、1951年九州大学医学専門部を卒業後　同大学の整形外科医局に入局しました。故天児民和名誉教授の指導の下（もと）、当時未開の分野であった医学的リハビリテーション研究の道を歩み始めました。さらに、英国のストーク・マンデビル病院に留学し、ルードヴィッヒ・グットマン卿の教えを請いました。そこではリハビリテーションにスポーツを取り入れ、医師がさまざまな分野の人と連携して、脊髄損傷者の社会復帰を支援していました。このことに衝撃を受けた博士は、身体障害者の社会参加、特に仕事を通じての自立とスポーツに情熱を注ぐことになりました。博士は1964年東京パラリンピックの選手団長、評論家秋山ちえ子氏や作家水上勉氏（みずかみつとむし）との出会いなどの数々の経験から、障害者は仕事をもち自立することが最も必要であるという信念に至りました。そして、『保護より機会を』『世に身心（しんしん）障害者はあっても仕事に障害はあり得ない』という理念の下、1965年太陽の家を創設しました。太陽の家では、オムロン・ソニー・ホンダ・三菱商事・デンソー等日本を代表する大企業と提携して共同出資会社をつくり、多くの重度障害者を雇用しました。障害者の作業環境の改善や治工具・自助具の導入を進め、障害者の職能を開発し、手作業からライン作業、単純作業から熟練作業や頭脳労働など多くの成果を上げています。また、別府本部のある別府市亀川を中心に、障害者が施設に閉じこもるのではなく一市民として地域と積極的に関わっていくことを目指して、大分県に対して『福祉の街づくり計画』を提唱しました。身体障害者スポーツにおいては、大分県身体障害者体育協会や日本身体障害者スポーツ協会の設立に参画し、日本で初めて1961年に第1回大分県身体障害者体育大会を開催しました。さらに、1975年の第1回極東・南太平洋身体障害者スポーツ大会（フェスピック大会）、1981年の第1回大分国際車いすマラソン大会等を成功に導き、両大会は今日まで引き継がれています。一方、国際障害者リハビリテーション協会の職業委員会委員として1981年第1回国際身体障害者技能競技大会（アビリンピック）や、同協会のレジャー・レクリエーション・スポーツ委員長として1984年第1回国際レジャー・レクリエーション・スポーツ大会（レスポ）（愛知県）での開催を支援しました。また、医師として博士は大分市に救急医療から医学的リハビリテーションを行う二つの病院を経営しました。1979年〜1983年国際パラプレジア医学会副会長、1979年〜1980年第14回日本パラプレジア医学会会長を務めました。1984年7月23日英国ストーク・マンデビルで国際ストーク・マンデビル競技大会の開会式がまさに行われようとしていた時、57才の生涯を閉じました。」太陽の家HP http://www.

taiyonoie.or.jp/02_about/nakamura.html（2007年3月6日参照）
2) 太陽の家;1975:ページ番号なし．
3) 「1972（昭和47）年、通知『身体障害者福祉工場の設置及び運営について』（厚生省社更128号）に基づき設置、運営され、働く意思と作業能力をもちながら、職場環境や設備、通勤の交通事情などのために、一般企業に雇用されることが困難な重度障害者に職場を与え、自立した市民としての社会生活を営むことができることを目的とする施策である」（全国社会福祉協議会;1988:401）。
4) 2005（平成17）年現在で、太陽の家には「オムロン太陽（株）」「ホンダ太陽（株）」「三菱商事太陽（株）」「富士通エフサス太陽（株）」「ソニー・太陽（株）」「ホンダアールアンドデー太陽（株）」「オムロン京都太陽（株）」の計8社の共同出資会社がある（四ツ谷;2005:56）。
5) 太陽の家;同:ページ番号なし．
6) 「亀川地区は、旧亀川町として昭和10年に別府市と合併する以前より、漁業、観光、商業等により栄えた町であった。その後、国立病院や裁縫学校（現溝部学園）、太陽の家などの医療・文教・福祉施設の集積により、別府市においても特徴のある地区となっている。[中略]障害を持つ人々の社会復帰をサポートする福祉施設『社会福祉法人太陽の家』の立地以降、太陽の家従業者と亀川商店街の人々との交流や、イスの取り外し、入り口のスロープ化など、車イスでも利用しやすいような店舗の改善、ゴムによる踏切内線路への車イス脱輪防止の工夫などがみられる。これらはいずれも、住民が主体となって取り組んだものであり、さらには、障害者とその他の地区住民が、互いに同じ地区に住む住民として普通に接し、共存するといった人間関係も形成されているなど、人々の意識というソフト面において、福祉のまちづくりが進展してきたといえる」（別府市;1995:69）。また、太陽の家障害者職能開発センター;2001も参照。
7) なお、2005（平成17）年時点で「『太陽の家』は大分県別府市亀川に本部を置き、愛知県蒲郡市、京都市、大分県日出町の三か所に事業所があり、障害者1107人と健常者565人、合計1672人が在籍」している（四ツ谷;2005:54）。
8) 太陽の家;1975:1．
9) 「太陽の家でいえば、地域でいちばん早くスロープをつけたのは近くの一杯飲み屋である。道路から段差のある入口では、車椅子は入れない。飲み屋のおやじさんは、商売上のことではあったが、福祉都市運動の先覚者でもあった」（中村;1975:183-184）。
10) 本文内では「車いす」という表現で統一した。但し、引用文中で「車椅子」「車イス」「くるま椅子」と記されている場合はそのまま記している。
11) 大分合同新聞;1973.2.14．
12) 大分合同新聞;1973.7.14: 資料5-1及び資料5-2も参照（村上信氏所蔵）．

13) 身体障害者福祉モデル都市事業に関しては平川;2004を参照。
14) 福祉都市を推進する会;1973:84.
15) 西日本新聞（1973年9月11日 朝刊）で、角田耕一氏（厚生省社会局更生課長）が身体障害者福祉モデル都市事業について次のように述べている。「三年前、太陽の家（別府市）の中村裕理事長と話し合ったのが最初だ。日本での身体障害者を取り巻く社会の目は、外国のそれに比べるとまだ冷たい。身障者も一人の市民として、健康者[原文のまま]に混じり活躍できる社会環境をつくりだす必要性を痛感したからで、モデル都市が実現すればさらに全国へその輪を広げていくつもりだ。」
16) 中村裕伝刊行委員会;1988:569.
17) 伊方氏（元・太陽の家事業部長）は自身のHPで次のように述べている。「太陽の家が別府の北外れ亀川に誕生して以来、周辺には身体障害者が数多く住み着くようになった。当初は、そのほとんどが太陽の家の障害者だったが、最近では、太陽の家に関係のない人たちも増加してきた。ここ亀川の住民の人たちは障害者に寛容である。パチンコ屋は車いす用のトイレを設置しているし、バーや飲み屋の入り口にはちゃんとスロープが用意されている。踏切など車いすに苦手な道路では通行人が気軽に後ろを押してくれる。電気屋は単に商品を納めるだけでなく、部屋の模様替えも手伝ってくれる。お店の中の通路を広くしてくれたところもある。[中略]亀川のタクシー運転手は下車し車いすをトランクに積んでくれ愛想も良い。道路の改修などでは、町の人が行政にバリアフリーの交渉をしてくれる。町を歩いていてもふり返ってみる人も少ない。亀川に住む障害者達は、障害者差別を感じることなく一般市民として迎えられている」（http://www002.upp.so-net.ne.jp/hi-ikata/　2005年1月15日参照）
18) 太陽の家関係者だけではこれだけの得票は不可能である。当時の関係者によれば、吉永氏立候補により太陽の家と直接かかわりのない在宅障害者とのつながりが出来たとされている。ちなみに、その後の選挙における吉永氏の得票及び当選順位は1979年1753票（30位）、1984年1787票（25位）である（大分県選挙管理委員会;1987）。
19) 別府市議会;1975:149-150.
20) 同:150-151.
21) 同:154-155.
22) 同;1979:187-189.
23) 同:190.
24) 吉永氏は身体障害者福祉モデル都市事業関連以外でも多方面での質問・提案等を議会で行っている。本論で引用したものは12年間の議員活動における一部分に過ぎない。

25) 太陽の家むぎの会;1978:7-8.
26) 1973年及び78年のいずれも、「行き先」等のカテゴリー分けに関してはオリジナルのものをそのまま使用した。
27) 大分合同新聞社社会部取材班;1999、三枝義浩;1994、さらに水上勉;196)、同;1980も参照。
28) 「行政としてむつかしいこと、そうして市民として要求すべきこと等々について、この行政の中で体験をしてまいりまして、いかに行政が一部の市民を助けることがむつかしいかということがよくわかったわけでございます。しかし本当に一人の今困った人も救えない政治というのは13万の市民のことは考えられない、政治というのはやっぱり一人を救うことから始まる」(別府市市議会;1987:160) というメッセージを残し、12年間の議会活動に終止符を打った吉永氏の後継者は今日まで別府のまちに現れていない。
29) 三好;2001:104-105.

第5章　別府市における福祉のまちづくりと「車いす市議」の役割

[文献]

別府市.別府市　人にやさしいまちづくり整備計画報告書;1995.
別府市議会.昭和52年第2回別府市議会定例会会議録;1975.
別府市議会.昭和54年第4回別府市議会定例会会議録;1979.
別府市議会.昭和62年第1回別府市議会定例会会議録;1987.
平川毅彦.「福祉コミュニティ」と地域社会:世界思想社;2004.
平川毅彦.個人の発達・成長と「福祉のまちづくり」―仙台市における生活圏拡張運動（1960年代末～）から学ぶもの―.人間発達科学部紀要第1巻第1号;2006:43-51（本書第4章）.
福祉都市を推進する会編.ハンディキャップ別府ガイド.太陽の家内福祉都市を推進する会;1973.
三好春樹.ブリコラージュとしての介護:雲母書房;2001.
水上勉.くるま椅子の歌:中央公論社;1967.
水上勉.生きる日々―障害の子と父の断章:ぶどう社;1980.
中村裕.太陽のなかまたちよ―身障者とともに10年間―:講談社;1975.
中村裕伝刊行委員会編.中村裕伝:中村裕伝刊行委員会（非売品）;1988.
大分県選挙管理委員会.選挙の記録;1987.
大分合同新聞社社会部取材班.博士の遺言―共に生きるとは:大分合同新聞社;1999.
太陽の家.太陽の家10年の歴史:太陽の家身体障害者職能開発センター開発課;1975.
太陽の家.創立30周年記念誌:社会福祉法人太陽の家;1995.
太陽の家むぎの会編.ハンディキャップ別府ガイド（改訂版）:太陽の家むぎの会;1978.
太陽の家障害者職能開発センター.太陽の家35周年記念資料集　亀川地区の変遷:太陽の家障害者職能開発センター;2001.
三枝義浩.太陽の仲間たちよ―身体障害者とある医師の挑戦:講談社;1994.
四ツ谷奈津子.施設紹介　社会福祉法人太陽の家―保護より働く機会を―.肢体不自由児教育No.172;2005:54-57.
全国社会福祉協議会.現代社会福祉事典（改訂新版）:全国社会福祉協議会;1988.

社会関係の主体的側面と福祉コミュニティ

資料5-1　九州電力別府営業所、別府警察署、建設省大分国道維持出張所への要望書

昭和48年6月20日
福祉都市を推進する会
会長　吉松時義

国道10号線亀川新川附近改装方
お願いについて

　御承知のとおり、近来国道10号線は交通状態がとみに混雑を来し、特に亀川新川附近は道路が不整五叉路で健常者が歩行するのにも危険を感じる様な状態であります。

　過日私共が調べましたところ、先ず歩行者用ガードレールの側方歩道は車イスの幅員より狭いところがあり、側溝等も未整理、これに加えて電柱、道路標識、ゴミ箱等が障害物となり、身障者特に車イス乗用者の通行は不可能ともいえます。

　又、本道路の不備の為、別府市役所亀川出張所の段差の解消、出入口の改造等も準備万端整いながら実施について手控えられているとのことでございます。

　そこで、九州地方建設局大分国道維持出張所長殿宛、上記について陳情致しましたところ、本年夏ごろ本道路の改善について具体的に実施する方針があるが、電柱標識の移動等は当方の一存で行う訳にいかない面があるとのお話でございました。

　以上について、事情御賢察の上何卒道路改善実施について御協力下さいます様お願い致します。

　尚、私共が現在困っております状況等について、資料を作成しましたので貼付致します[添付資料は不在]。

資料5-2　日本国有鉄道別府駅への要望書

昭和48年7月5日
福祉都市を推進する会
会長　吉松時義

身体障害者の交通機関利用時に
おける介助等についてお願い。

　最近、全国各地で身体障害者の生活圏拡大運動が展開され、世の注目を集めております。

　国や地方自治体でも、この問題について、逐次積極的な動きを示し始め福祉モデル都市（仙台。下関。北九州各市）の指定を始め、建設省においては道路改装用の

予算が計上され、又国鉄仙台駅、上野駅の身障者用改装等具体的な施策がなされつつあることは私共身障者にとって誠に喜ばしいことであります。

　私共は、身体に障害はあっても、積極的に社会生活に参加するという熱意を持つ者でございますが、御承知のとおり、私共を取り巻く社会環境は私達が社会に進出するのを妨げる面が多々あります。

　過日私共が身障者に対し、外出を妨げる最大の原因は何かというアンケート調査を行いましたところ、圧倒的多数のものは、交通機関を第一にあげておりました。

　バス等のステップの高さ、駅の階段（同じく手すり）、汽車乗降口、タクシーの乗車拒否等がその大きな問題となっております。

　私共の身近な例と致しましても、もち論御礼の申しあげようもない程の御好意を頂くことも枚挙にいとまのない程でありますが一方、タクシーに乗車を依頼した身障者が車イスからやっと、乗車を終えた後、車に傷がつくことを理由に降りることを強要されたり、汽車に乗降車することさえ出来れば充分一人で旅行もできるのに車イス乗用者が介護者なしで乗車することは遠慮してもらいたい旨厳しくその場で注意される等のことがありました。

　これは全く「障害者は自らの障害の故でなく、社会構造が障害を作りだしている」の言葉どおりと思われます。

　以上の様な事情御賢察の上、我々が障害なく社会生活を過ごす為に一ぴ[原文のまま]のお力をお貸し下さいます様お願い申しあげます。

第6章
福祉コミュニティ調査法と専門家の役割

Ⅰ　はじめに

　一般に流布している意味内容とは異なり、福祉コミュニティとは、生活上の困難・課題を抱えた個人が、日常生活の場としての地域社会においてさまざまな支援者・組織・制度からなる地域資源を、自己の決定に基づき活用することで「自立」を達成するための手段である[1]。つまり、福祉コミュニティは、こうした個人を核に据える「社会福祉サービスの・・・・・・・・・利用者ないし対象者の真実の生活要求を充足するための組織体」[2]（強調は原文のまま）であり、「当事者主権」[3]を実現するうえでの中心的存在であると言っても過言ではない。

　このような視点に立つ時、これまで「社会調査法の応用」として扱われてきた社会福祉調査法[4]は、その意味を根底から問い直されなければならない。生活上のさまざまな課題を抱えた人々の「ニーズ」を測定する、また福祉サービスを提供する組織や団体を対象としてその特徴や課題を析出する、あるいは一般住民を対象として各種啓発事業や福祉教育への関心度を把握する。このような社会福祉調査は、大学や行政に所属する専門家が実施することが自明視されてきた。しかし、福祉コミュニティ調査は、サービス対象となる一人ひとりが、自分自身の生活上の問題点から出発し、問題解決の主人公となるために各種の調査を行う。つまり、課題を抱えた当事者が「自分自身の専門家」になることが求められる。また、それまで「調査の専門家」とされてきた者は、支援者として彼／彼女に寄与する[5]。

　これが福祉コミュニティ調査法の基本姿勢であり、「情報活動」を中心として福祉コミュニティが果たす5つの機能すべてにかかわるものである。「福祉コミュニティの情報収集の特長は、社会福祉サービスの現実的および可能的な対象者の生活上の困難を、対象者自身あるいは彼と同じ立場にあるひとびとによる自己調査(self-survey)によって明らかにする

点にある。それはある特定の専門家的視点からではなく、また生活の特定の一側面だけをとりだすのではなく、生活者としての全体的な生活の立場からする問題の把握であるという点に特長」があり、さらに「一般の住民であれば見すごしてしまうような環境上の欠陥、たとえば心身障害者から見た道路構造の欠陥とか、車椅子使用者から見た建築物の構造上の欠陥等が、福祉コミュニティの情報活動で把握されねばならない」[6]のである。

　福祉サービスの対象者・利用者が、自分自身の専門家となるために、これまで蓄積されてきた社会調査法・社会福祉調査法の成果をいかにして資源とすることができるのだろうか。また彼／彼女に対し、従来の「社会調査の専門家」はいかなる支援が可能なのか。これまで行ってきた調査研究の経験を踏まえ、これらの課題について検討してみたい。

Ⅱ　調査設計上の特徴

　先行する研究・事例・報告等をふまえて調査テーマと仮説を決め、統計的調査か事例調査かの選択をし、母集団を確定したうえで、全数調査を行うのかサンプル調査を行うのか、サンプル調査の場合いかなるサンプリング手法を用いるのか、さらに質問項目を確定したうえで、調査実施、収集されたデータを分析し、報告書作成に至るといった一連の作業を調査設計と呼ぶのなら、この調査設計の出来・不出来が調査内容の大半を規定するのは、社会調査や社会福祉調査の場合のみならず、福祉コミュニティ調査においても同じである。しかし、社会全般に関する理論を志向する社会調査[7]や福祉政策そのものに関する調査[8]、さらに「間接的援助」の一手法としての社会福祉調査[9]などと異なり、福祉コミュニティ調査は「直接的援助」としての性格を色濃く持っているばかりでなく、なによりも調査を行う主体が福祉サービスを受ける当事者であるところに大きな違いがある。

　確かに、「社会福祉調査法は、社会福祉領域の発展に伴って、その重要性がますます高まっている。社会福祉の専門教育においては、実践者と

なる者にも社会の諸問題を理解するための調査技法の基本を身につけさせておくことが大切である。一方、広く社会調査法を用いたさまざまなデータを理解するために、特に社会調査法によるデータを用いた研究論文を理解するために調査法の基礎学習が必要である」[10]。また、「社会福祉調査はきわめて実践的な性質を持っている。同時に、社会福祉調査は社会福祉の対象理解を目的としつつ、対象者（利用者）の人権を守る調査でなければならない。何のために調査するか、何を明らかにしたいかといった問題意識を形成する過程において、調査者には調査対象者のプライバシーを守る姿勢が厳しく求められる。そのため、調査の実施にあたっては、調査対象者の名簿や調査票の管理を徹底させ、人権擁護に努めなければならない。また、調査対象者との信頼関係に心掛け、調査協力への同意を得たうえで調査を実施する必要がある。同時に、調査者は科学性を追求するあまり、"される側"の立場を忘れることのないように、自己の言動に注意を払わなければならない」[11]ことは当然である。また、「今後、社会福祉学の発展の基礎となるのは、社会福祉調査・研究を増進することだと信じている。より科学的なソーシャルワーク実践の発展に必要とされるのは、ソーシャルワーカー自身が行う調査・研究の努力を倍増すること」[12]は言うまでもない。

　しかし、社会福祉調査法の一領域としての福祉コミュニティ調査法を考えるとき、その特徴は先にもふれたように、福祉サービスを受ける当事者が、自分自身が抱える問題解決を志向し、そのために調査を行うという点で大きな違いがある。また、従来「調査の専門家」とされてきた者は、彼／彼女が問題解決にむけて調査を行う際の支援者ないし代弁者という位置づけがなされる。調査を行うという行為そのものが福祉実践とイコールで結ばれる。そして、調査計画もまた、社会調査や一般的な社会福祉調査とは違うものとなる。

　調査設計は、自身の生活上の課題についての認識から始まる。同じような課題に立ち向かい、一つの結論を導き出した先行者の事例や、ソーシャル・ワーカー等による働きかけが出発点となる場合もある。次いで、自身と各種の社会制度との間にある関係性、つまり「社会関係の主体的

側面」[13]から、そうした社会関係がかかえる課題とを結び付け、生活上の課題が自身の心の中にあるのではなく、また問題解決の糸口もまたそうであることを確認する。その際に、同じ課題を抱える当事者や、その課題に関する専門家の力を借りることも必要である。当事者性を強調することは、専門家の存在を否定することではない[14]。

このように調査の出発点を当事者自身とすることで、調査設計上の次なる課題は「セルフマネジドケア」[15]として直接的支援を志向する福祉コミュニティ形成調査へと向かうか、あるいは、こうした福祉コミュニティにかかわる地域住民の意識・態度にかんする間接的支援としての「一般的地域調査」か、それとも両者とも行うのかということになる。前者では、ソーシャル・ワーク手法が「調査設計」のステップとして読み替えられる。そして、後者の場合、一般的な社会調査法にもとづく調査設計となる[16]。

福祉コミュニティ形成調査では、(1)自身の生活上の課題にかかわり、(2)自身の生活上の課題を解決する組織や制度とかかわり、(3)これらを結びつけ、(4)そうした問題を引き起こす社会のしくみのありかたに働きかける、という手続きを前提として調査設計を行う。こうした調査の事例としては、1960年代なかばから仙台市を中心として始まり全国へと展開した身体障害当事者による「生活圏拡張運動」、あるいは別府市における「福祉のまちづくり運動」をあげることができる。つまり、障害当事者自身が街に出て、物理的・社会的バリアを確認し、そうしたバリアを引き起こす社会的課題を解決するために行政と交渉し、問題解決の道筋を検討するというものである。調査を行う、という行為そのものが福祉実践であることは言うまでもない[17]。

これに対して、一般的地域調査では社会調査法のテキスト等で記されている調査手順に基づく設計となる。福祉サービスを受ける立場の者であっても社会調査法の基本を身につける必要があり、調査法の専門家はその習得を支援しなければならない。但し、調査を行う主体が当事者という点から、いくつか一般的な社会調査とは異なる。福祉サービスを受ける側でなければ分からないような視点から構成される質問文が期待さ

れる、また調査票の配布・回収等に当事者が積極的にかかわる、さらに収集されたデータの分析・解釈も彼／彼女が第一に行う、という姿勢を貫かなければならない。一般的地域調査であっても、調査を行うということが福祉実践とイコールで結ばれるという基本姿勢に変わりはないのである。

　以上述べてきたように、福祉コミュニティ調査法における調査設計は、福祉サービスを受ける当事者が、自身の課題解決を志向して調査を行うことを大前提として、ソーシャル・ワーク手法の応用としての「福祉コミュニティ形成調査」と、社会調査法におけるオーソドックスな手続きによる「一般的地域調査」という二本立ての調査と、それらに対応する調査設計が必要とされる。そこで次に、それぞれの調査設計に基づくデータ蒐集と分析についての指針を提示してみたい。

Ⅲ　データ蒐集と分析の指針

　データ蒐集と分析の指針を考えた場合、一般的地域調査がアンケート用紙を用いた統計的調査を中心とするのに対して、福祉コミュニティ形成調査はインタビュー調査や観察法など多様な質的調査が必要となる。前者が社会調査法としてのオーソドックスな手続きを踏むことにより調査を進めることができるのに対して、後者には少々職人芸的な技術が要求される。ただし、前者が調査方法の特性から、多くの人々に共通する要因や課題といったものを析出することに長けているのに対して、後者は、個別性の強い特異な課題とその要因を引き出す力を持っている。

　福祉コミュニティ形成調査において、調査対象者は「わたし」である。自分自身への観察・インタビューから調査ははじまる。「わたし」が、「いま」「ここ」で抱えている課題を列挙する。自身のライフヒストリーを記述する。自身が生まれ育ってきた家族、日常生活の場としての地域社会の特徴、教育を受けた場所、職業活動、友人関係などを中心として、客観的な事実とそれに対する主観的評価とを分けて記述することが重要である。

ついで、上記の課題を解決するための人、組織や団体についてのデータを蒐集する。家族や友人にはじまり、各種相談機関・当事者団体等々にまで範囲は広がるかもしれない。同じような課題を抱える人々を訪ね歩き、インタビュー調査を行うことで裏付けをとることも必要になるだろう。こうした一連の調査を行っても、支援を提供する機関等がみつからない場合もある。また、現在の生活拠点からは遠く離れたところにしかないこともある。そうした場合に、「泣き寝入り」をすることなく、現在入手可能な資源を用いて、さらに新たな資源を開発する可能性を模索することも調査過程に含まれる。支援ネットワーク形成が調査の最終的な目的である。こうして集められたデータは、同じような生活課題を抱え、自分自身のために調査を行おうとする人々や、いわゆる研究者にとっても貴重なデータとなる。

　以上が、福祉コミュニティ形成調査におけるデータ蒐集と分析についての概要である。確かに、自分自身の意思表示を充分にできない場合、こうした調査手続きは難しいかもしれない[18]。しかし、こうした調査を支援者が進める場合でも、彼／彼女にとって代わるのではなく、可能な限り当事者自身でデータ蒐集と分析にかかわり、決定を下すことができるようでなければならない。「障害者と呼ばれる存在になる」、あるいは「高齢認知症者になって一人歩き[19]をするかもしれない」等々という「当事者となる資格を備えたわたし」が、現時点で生活上の困難を抱えた対象者と向き合い、共同作業として調査はすすめられなければならない。そして、この大原則は、一般的地域調査においても同様である。

　福祉的支援をテーマとする場合、母集団の確定やサンプリング手続きで、一般的な調査以上に難しい課題がある。また、データ分析のためのSPSSやSASに代表される専門的な統計分析ソフトウエアは高価で、個人では手が届きにくい。しかし、アンケート用紙を配布・回収し、コンピュータに入力したうえで分析し、その結果をもとに福祉コミュニティ形成への間接的支援を行う場合、社会調査の適切な手続きを経ないなら、そのデータは説得力を失う。また、コンピュータを購入するときに同時にインストールされていることの多いエクセル等の表計算ソフトを活用

することで、多くの人々が統計データの分析を手軽にすることが可能になっている[20]。

　調査設計さえしっかりしていれば、平均値を求める、あるいは度数分布表を作成するという「単純集計」レベルで、説得力のある分析・記述ができる。より高度な統計的分析はその道の専門家に任せておけばよい。必要なのは、当事者自身の支援ネットワーク形成に必要なデータである。多くの人々に、信頼性と妥当性を備えた尺度によって測定されたデータを、自分自身の手で、手軽に分析することができるように支援すること、「調査の専門家」に求められているのはここである。そして、同時に調査の専門家もまた、同じ社会生活を営む者として「自身の専門家」になることが求められる。支援を必要とする当事者と調査の専門家が、自分自身の生活という点で共通の地平に立っていることを自覚するとき、必要とされるデータが蒐集され、適切な分析が可能となるのである。

Ⅳ　まとめと課題

　社会福祉調査法は、社会調査法から多くのことを学ぶ必要がある。しかし、社会福祉が独自の対象と機能を持つ領域であることを踏まえるなら、それは単なる応用にとどまらない。つまり、「それ[社会事業調査]は如何なる場合にも社会事業の方法・技術、社会事業施設のサービス、社会事業サービスに対する必要性に関連してなされるものであって、社会学的、心理学的に有意味な対象を選択するを要しないし、またその目的は、社会事業サービスの改善・進歩と社会的サービスを必要とする新しい生活上の困難の発見と解決ということであって、科学的理論の構成に対して一義的な関心を持つものではない」[21]という「社会福祉調査の独自性」が必要とされるのである。

　さらに、こうした社会福祉調査の独自性に基づいた福祉コミュニティ調査は、福祉コミュニティ形成調査と一般的地域調査という2つの次元に分けられる。ただし、いずれの場合も、支援者や支援機関、さらに調査の専門家とともに、社会生活上の困難という課題を抱えた当事者個人が、

自ら調査を行う主体とならなければならない。これが社会調査、そしてこれまでの社会福祉調査と大きく異なる部分であり、福祉コミュニティ調査の独自性である。これまで調査の専門家とされてきた者の存在を否定するのではなく、調査をすすめる上での支援者としての立場が与えられる。調査の成果は、当事者自身のものになる。そして、当事者と支援者とは、最終的に「自分自身の生活の専門家」を共通のキーワードとして課題を共有し解決の方向を模索する。以上が、自分自身の専門家をめざす「福祉コミュニティ調査法」の概略である。そして最後に、こうした調査法を展開する上でのいくつかの課題を指摘することで、本章を閉じることにしたい。

　「社会福祉の独自性」を踏まえるのであれば、福祉コミュニティ調査は、あくまで当事者個人への社会的支援という具体的・個別的場面を離れては存立しえない。従って、社会政策ないし経済政策等々に関するマクロなレベルにおける調査とは一線を画している。社会福祉サービスを提供する施設や機関、あるいは一般住民を対象とした調査を行った場合も同様である。常にその独自性を考慮しながら調査計画を立て、実査・分析・報告というプロセスを経なければ、福祉コミュニティ調査はその存在意義が根底から覆されてしまう。社会調査や伝統的な社会福祉調査からの誘惑は強力である。そして、このような力は「福祉コミュニティ」という概念そのものにも働いている。

　一般に流布している福祉コミュニティ概念は、福祉サービスを提供する側からの、さらに当事者個人という視点を欠いたものであると言わざるを得ない。ここまで扱ってきた福祉コミュニティとは、全くの別物である。そして、このように考えるとき、ノーマライゼーションという言葉が世間の垢にまみれ、福祉サービスを必要とする人への支援の道具として通用しなくなっていることを嘆くWolfensbergerの嘆きと類似した感覚が湧き上がる[22]。ノーマライゼーションと決別し、代わりにソーシャル＝ロール＝バロリゼーションという概念を提示して理論的展開を行ったのと同様な試みが、福祉コミュニティにも必要なのかもしれない。

　福祉サービスを必要とする当事者個人を中心として、支援者および支

援機関を結びつけようとすることからはじめて、自分自身の専門家となるために調査を行うという方法論を「地域生活支援システム」[23]調査法と呼び、さらなる展開を目指すという誘惑に駆られる。しかし、「システム」という概念もまた「コミュニティ」と同様に集合体を想定したものであり、対象とする概念を明確化するという目的から外れる可能性が高い。言い換えを行うよりも、「福祉コミュニティ」という用語にとどまり、その概念を明晰化する作業がより生産的である。そのためにも岡村社会福祉論そのものに立ち戻り、それを踏まえたうえでの「福祉コミュニティ」概念再検討が必要なのである。

[注]

1) 福祉活動を熱心に行っている地域社会や、障害当事者団体を一般に福祉コミュニティと呼ぶ場合が少なくない。しかし、ここで扱う福祉コミュニティは、あくまで岡村;1974の規定に沿ったものである。
2) 岡村;1974:88.
3) 中西・上野;2003.
4) 「社会福祉調査法」に関する基本的な議論に関しては京極;1983、阿部;1984を参照。
5) 愛知県在住時に重度身体障害者の当事者団体に「社会調査の専門家」として招かれ、社会調査法をともに学んだという経験に、平川のこうした発想の原点がある（平川;1993）。
6) 岡村;前出:94-95.
7) ただし、社会学すべてが社会調査の「理論への貢献」だけを謳っているわけではない。社会調査は「社会学の独占物ではなく、社会諸科学の共有財産」であり、また「社会調査は決して、社会学や他の社会諸科学の研究のためにのみ行なわれるものではなく、あるいは行政的、あるいは営利的目的など、ひろく実践的目的のために行なわれるものも含まれる」（安田・原;1982:1-2）。
8) 社会事業を社会政策と位置づける研究者にとっては、社会福祉調査は社会政策調査とイコールで結ばれるであろう（例えば中本;1959参照）。
9) 立石;2005を参照。
10) 根本他;2001:ⅰ.
11) 井村;2001:9-10.
12) 平山他;2003:ⅰ.

13) 岡村;1956:129.
14) こうした調査方法の典型を、浦河べてるの家における「当事者研究」に求めることができる（向谷地;2006）。また、「べてるねっとHP」（http://bethel-net.jp/ 2008年11月24日参照）には、以下のような「当事者研究ワークシート ～自分の苦労の主人公になる5つのステップ」が記されている。こうした手法を「精神障害を持つ人」だけに限定しなければならない理由は全くない。

①〈問題〉と人を切り離す
「爆発を繰り返してる〇〇さん」から、「爆発をどうにかやめたいと思っているのにやめられない苦労を抱えている〇〇さん」という視点／理解を持つ。
②自己病名をつける
自分の抱えている苦労や症状の意味を反映した、自分がもっとも納得できる「病名」を自分でつける。例：「統合失調症悪魔型」、「人間アレルギー」など。
③苦労のパターン・プロセス・構造の解明
症状の起こり方、行為、苦しい状況への陥り方には必ず規則性や反復の構造がある。それを仲間と共に話し合いながら明らかにし、図式化、イラスト化、ロールプレイなどで視覚化する。
④自分の守り方、助け方の具体的な方法を考え、場面をつくって練習する。
予測される苦労に対して、自己対処の方法を考え、練習する。自分を助ける。主人公はあくまで「自分自身」。
⑤結果の検証
以上を記録し、実践してみる。その結果をまた検証し、「良かったところ」と「さらに良くするところ」を仲間と共有し、次の研究と実践につなげる。研究の成果としてうまれたアイディアは、「当事者研究スキルバンク」に登録し、仲間に公開する。

15) 中西・上野;前出:90.
16) この段階まで到達したとき、次のような発想がようやく意味を持つ。「統計数字の取扱いについてであるが、ニーズ調査の場合、社会福祉サービスの利用可能者の『権利としての社会福祉』を実現するために例え一名でも軽視してはならないことである。少なくとも住民の1％が一単位というぐらいに考えるべきであり、社会福祉調査の1％の重みをどの程度感じているかが福祉政策にとって肝要なのである。また複数回答（MA）の取扱いでは、たんに総回答の何パーセントかというのではなく、調査対象者のうち、何名が回答しているかという比率をきちっと出す必要もあろう。さらに無回答の数については特別な注意を払い、なぜ無回答の多い項目があるのかを深く分析することがのぞましい。問題によっては、そこに、既存の社会福祉施策が手のとどかないところにあるなど社会福祉の問題性が横たわっていることもあるからである」（京極;1983:24-25）

17) 本書第4章・第5章及び平川;2004,同;2006,同;2007。
18) ただし、例えば以下のような著作に触れるなら、人々の抱えている障害等で最初から自己決定が難しいと決めつけることはできない（ピープルファースト東久留米;2007:Boden;1997）。
19) 「目的のない徘徊はない」として近年すすめられている表現であり、いわゆる「政治的に正しい」とされる言い換えではない。
20) 特別な追加ソフトを新たに購入しなくても、クロス集計表を作成したり、統計的推定や検定を行うこともできる。
21) 岡村;1955:28.
22) Wolfensberger; 1983.
23) 「地域生活支援システム」については本書第1章で検討した戸枝（2006）を参照。

[文献]

阿部實.社会福祉研究と社会福祉調査―社会福祉調査論構築のための前提的考察―.社会事業の諸問題（日本社会事業短期大学研究紀要）Vol.30; 1984:89-116.

Boden , Christine. Who Will I Be When I Die ? : Harper Collins Publishers;1997（桧垣陽子訳.私は誰になっていくの？＜アルツハイマー病者からみた世界＞:クリエイツかもがわ;2003）.

平川毅彦.重度身体障害者の「自立生活構造」と「地域社会」の課題-名古屋における調査データを通じて.社会福祉学34-1; 1993:89-107.

平川毅彦.「福祉コミュニティ」と地域社会:世界思想社;2004.

平川毅彦.個人の発達・成長と「福祉のまちづくり」―仙台市における生活圏拡張運動（1960年代末〜）から学ぶもの.富山大学人間発達科学部紀要創刊号; 2006:43-51（本書第4章）.

平川毅彦.別府市における「福祉のまちづくり」−その源流と課題−.富山大学人間発達科学部紀要第1巻第2号;2007:19-26（本書第5章）.

平山尚・武田丈・呉栽喜・藤井美和・李政元.ソーシャルワーカーのための社会福祉調査法:ミネルヴァ書房; 2003.

井村圭壯.社会福祉調査論序説:学文社;2001.

京極高宣.社会福祉調査に関する覚え書.日本社会事業大学社会事業研究所年報 Vol.19;1983:5-30.

向谷地生良・浦河べてるの家.安心して絶望できる人生:NHK出版;2006.

中本博通.社会事業調査:ミネルヴァ書房;1959.

中西正司・上野千鶴子.当事者主権:岩波書店;2003.

根本博司・高倉節子・高橋幸三郎編著.初めて学ぶ人のための社会福祉調査法:中央法規;2001.

岡村重夫.社会事業調査の特質と方法―特に都市調査に関連して―.社会事業38-6;1955:28-34.

岡村重夫.社会福祉学（総論）（大阪市大・家政学8）:柴田書店;1956.

岡村重夫.地域福祉論:光生館;1974.

ピープルファースト東久留米編.知的障害者が入所施設ではなく地域で暮らすための本―当事者と支援者のためのマニュアル―:生活書院;2007.

立石宏昭.社会福祉調査のすすめ−実践のための方法論:ミネルヴァ書房;2005.

戸枝陽基.ノーマライゼーションの詩2006 remix ver.:Snow Dream;2006.

Wolfensberger, Wolf.Social Role Valorization: A Proposed New Term for The Principle of Normalization. Mental Retardation 21-6;1983:234-239.

安田三郎・原純輔.社会調査ハンドブック（第3版）:有斐閣;1982.

第7章
岡村社会福祉論の論理構造と課題

Ⅰ　はじめに

　社会福祉とは、何を対象として、どのような意味内容を持っているのか。この根源的な疑問に対して正面から対峙するものが社会福祉原論である。しかし、社会福祉士受験資格取得に際しての指定科目から、こうした名称の科目が実質的に消え去っている。社会福祉というアイデンティティ自体が揺らいでいると言っても過言ではない[1]。本章は、こうした社会的風潮のなかで、1983（昭和58）年の創刊から今日に至るまで版を重ねている岡村重夫の『社会福祉原論』[2]をテキストとして読み解く作業を通じ、岡村による「社会福祉固有の視点」にもとづく社会福祉論の論理構造を再確認するとともに、発展的検討に向けた課題の一端を明らかにしようとするものである。

　日本において社会福祉を論じる場合、制度・政策論と方法・機能論に分けることができるとされてきた[3]。前者の代表的な論者は孝橋正一[4]であり、後者のそれが岡村重夫である。そして両者は「違った土俵」[5]で社会福祉を論じている。資本主義社会の進展とそれに伴う生活上の課題が存在していることについては一致している。しかし、孝橋が資本主義社会の否定とそれに代わる社会を想定しているのに対し、岡村は資本主義社会を容認、ないしはその存続をめぐる議論とは距離をおいている[6]。また、生活上の問題解決へのアプローチも、一方ではマクロな社会構造を、他方では個人を中心としたミクロな世界を出発点としている。孝橋と岡村とは「社会福祉」という意味内容のみならず、「社会」への立ち位置が異なっている。見えてくる景色は全く別のものである。こうした前提を踏まえることなく、全く性質の違うものに等しく「社会福祉」というレッテルを張り、両者のいずれかが優れているのかを比較検討することなど不可能である。

　「社会福祉政策」は国や地方自治体を主たる単位とする「大きな物語」

である。この視点から見るなら、個々人の具体的な生活などという「小さな物語」は取るに足りないことであろう[7]。しかしながら、身体障害者を中心とした「自立生活運動」[8]、精神障害者への支援の場としての「べてるの家」[9]、乳児から高齢者まで対応する「富山型デイサービス」[10]等、生活上の課題を抱えた具体的な「ひと」(当事者)を中心として社会とのかかわりに着目する支援のあり方は、岡村社会福祉論の有効性を示している。岡村社会福祉論の「立ち位置」と、そこから見えてくる「社会的景色」の検討は、今日における社会福祉の意義と課題を明らかにするうえでも重要な作業である。

II　合理性にもとづく社会福祉の発展段階

　何よりもまず検討しなければならないのは、「いま」「ここ」における社会福祉のありかたである。一人ひとりへの支援のあり方とその社会的合理性を基準として、岡村による社会福祉の発展段階が設定される。「今日までの社会福祉の発展を、社会福祉自身がより有効な、また合理的な援助原則を求めてきた自己改造の過程として理解」する[11]。こうした前提に立つことで、「法律による社会福祉」に先行する、またこうした法律改正への原動力としての「自発的な社会福祉」の意義が明確にされる。

> 　法律によらない民間の自発的な社会福祉(voluntary social service)による社会福祉的活動の存在こそ、社会福祉全体の自己改造の原動力として評価されなければならない。「法律による社会福祉」が法律の枠にしばりつけられて硬直した援助活動に終始しているときに、新しいより合理的な社会福祉理論による対象認識と実践方法を提示し、自由な活動を展開することのできるのは自発的な民間社会福祉の特色である。それは財源の裏づけもなければ、法律によって権威づけられた制度でもない。しかしそのようなことは自発的な社会福祉にとって問題ではない。問題なのは、その社会福祉理論の合理性に裏づけられた新しい社会福祉的援助原則を、

たとえ小規模であっても、これを実証してみせることであり、また「法律による社会福祉」の側がこれを謙虚に受けとめて法律を改正し、その時々の社会福祉全体をいかにして発展させるかということである[12]。

　社会福祉の援助の現場における実践過程、つまり「自発的な社会福祉」と、「法律による社会福祉」との対応関係から「社会福祉の発展過程」は規定される。「法律による社会福祉」に先行するものとしての「自発的な社会福祉」の典型として(1)相互扶助　(2)慈善・博愛事業がとりあげられる。そして、このような「自発的な社会福祉」は、「法律による社会福祉」に先行するものであると同時に、現代社会において新たな社会福祉の地平をきりひらく原動力ともなる。

> [硬直化している、あるいは生活困難の正しい認識を持っていないという]このような「法律による社会福祉」の欠陥を指摘するだけでは、単なる社会福祉の評論にすぎない。必要なことは、これらの評論ないし批判を受けて、「法律による社会福祉」の欠陥を補充し、あるいはまったく別個の新しい社会福祉サービスを実践することである。それが現代の「自発的社会福祉」である。鋭敏な社会感覚と弾力性をもった社会では、この「自発的社会福祉」の成果をとり入れた新しい法律の改正が行われて、「法律による社会福祉」が拡大発展するはずである。しかし同時に、はたして社会生活上の基本的要求のすべてが、「法律による社会福祉」のなかに吸収しつくされうるものかどうか、つまり法律に基づく福祉サービスで対応できるかどうかという問題も検討に値する課題である[13]。

　こうした「自発的社会福祉」の意義を踏まえたうえで、「法律による社会福祉」の発展段階は(1)救貧事業(2)保護事業(3)福祉国家(4)社会福祉の限定（現代の社会福祉）とされる。そこでの大きな分岐点は、「劣等処遇の原則」から「回復的処遇の原則」をへて「普遍的処遇の原則」へと至

る処遇の変化であり、また「特定少数の社会的弱者」から福祉国家段階における「すべての国民」への社会福祉対象の拡大とそれに伴うサービス内容の不明確化、そして「新しい社会福祉の概念」の提起である[14]。

> 「法律による社会福祉」の端緒的段階は救貧事業であったが、それは「劣等処遇の原則」を固執するあまりに、貧困者を再生産することによって、貧困問題の解決に失敗した。そして新しい段階としての保護事業へと発展する。その発展の原動力は、より合理的な生活問題の解決を求めてやまない社会福祉論理の整合性という内在的要求である。たしかに保護事業を特色づける「回復的処遇の原則」は、個人が貧困に陥った直接の原因を取りのぞくような処遇によって、貧困問題を解決するものであるから、それは「劣等処遇の原則」よりも合理的である。けれども貧困に陥る原因は個人的であるよりも、より多く社会的、環境的ないし制度的な欠陥によることが見いだされるやいなや、「回復的処遇の原則」の合理性は否定されざるをえない。こうして貧困をはじめとする生活問題のより合理的な解決を求めて、「福祉概念の拡大」すなわち福祉国家の「普遍的処遇の原則」に到達することになる[15]。

ここで注意しなければならないのは、「福祉国家」段階をもって社会福祉発展の最終段階とはされていないことであり、また「福祉国家」への批判がそれ以前の段階への後戻りを意味しない点である。

> ところで福祉国家体制は、国民の各種の生活困難に対応する各種の専門的社会サービスの「一般的サービス」と「特殊的サービス」の提供を、国民の権利として法制化する体制であるが、同時にそれはサービスの専門的分化や巨大化、規格化という官僚化をまぬがれることはできない。「社会福祉の限定」は、そのような社会サービスの官僚化に対する批判として現れたものであるから、それは「法律による社会福祉」の自己批判であることもあれば、また

法律に対する対自的存在としての「自発的社会福祉」として発展することもありうるであろう。従って「社会福祉の限定」の発展段階においては、「法律による社会福祉」と「自発的社会福祉」の対立はなくなり、両者は総合されて批判的協力関係にまで発展しなくてはならないし、また発展しうるであろう[16]。

こうして、「法律による社会福祉」と「自発的な社会福祉」との批判的協力関係は、福祉国家以降における社会福祉を特徴付ける重要な意味を持つ。しかし、両者の関係性には「己自身を貫徹してやまないという生活者の要求を反映し、これに背景づけられた」「社会福祉の論理的整合性の要求の貫徹」が必要とされる[17]。その実現のためには、次に述べるような「社会生活の基本的要求」と「社会関係の主体的側面」にもとづく社会福祉固有の視点が必須である。

Ⅲ 「社会関係の主体的側面」に基づく「社会福祉固有の視点」

岡村の視点は、生活困難を抱える一人ひとりと寄り添ったものである。限りなく同じ目線で、その人の生活上の課題を引き起こす社会制度との関係性を共に見極め、生活上の課題解決をはかる上で必須のもの、それが「社会福祉固有の視点」である。

> ここで「社会福祉固有の視点」というのは、そこに立つことによって、いろいろの生活困難の中から、これこそが社会福祉問題であることを発見し、把えることのできる基本的な視角ないし立地点とでもいうべきものである。つまり社会福祉固有の対象領域ないし社会福祉問題を、他の社会問題から弁別して認識するためには、まず、その認識を可能にするような原理なり立場がなくてはならないであろう。このような原理があってはじめて、混沌たる生活問題の中から、社会福祉固有の問題をつかみとることができるのである[18]。

社会福祉固有の視点は、こうした問題把握にとどまらない。「社会福祉固有の視点は、単に対象把握のための原理であるばかりでなく、同時に社会福祉的援助の原理でもある」[19]のであり、さらに「生活問題の合理的な解決のためにも、この視点が必要不可欠」で、「この視点が失われれば、生活問題の本質的な解決はありえない、という必然性」をもっている[20]。そして、社会保障や医療、公衆衛生等から峻別され、同時に心理学や社会学とも一線を画す、いわば「社会福祉学の独立宣言」の第一段階として、「社会生活の基本的要求」という概念が提示される。

> 「社会生活の基本的要求」という概念は[中略]、生理的欲求と心理的欲求から成る「人間の基本的欲求」の概念を取りいれつつも、いわばその外周にある社会制度との関連から起こる条件を付けくわえて、われわれの社会生活の説明原理として使えるように再構成したものである。このような新しい概念を必要とする理由[は]、[中略]社会福祉固有の対象領域が、単なる抽象的な生理的欲求や心理的欲求の充足、不充足の問題ではなくて、個人や集団の社会生活上の困難を問題とするからである[21]。

次いで岡村は、既存の研究等を批判的に参照したうえで、「社会生活の基本的要求」として「経済的安定」「職業的安定」「家族的安定」「保健・医療の保障」「教育の保障」「社会参加ないし社会的協同の機会」「文化・娯楽の機会」という7要因を提示する。社会福祉的支援の対象者を特別扱いする「選別的処遇」ではなく、いかなる生活上の困難をかかえていたとしても、社会生活を営む「同じ人間」とみなす「普遍的処遇」という理念に裏づけられていることは言うまでもない。

> これらの要求は、文字どおり基本的であって、老人、児童、障害者をも含めてすべての個人のもつ生活上の要求であり、また一部をもって他に代えることのできないものである。われわれの社会生活とは、この7つの基本的要求を充足させるための過程にほかな

第7章　岡村社会福祉論の論理構造と課題

らないから、社会生活上の困難とは、これら7つの基本的要求を充足する過程の困難にほかならない[22]。

　「社会生活の基本的要求」という概念の導入により、普遍的処遇理念に裏づけられた、現代社会における「社会福祉固有の視点」形成の端緒が記された。しかし、この視点は、「社会関係の主体的側面」によってはじめて意味あるものとなる。
　「社会生活の基本的要求」という概念が用意されることで、「生活は、生活主体者たる個人ないし人間だけでもなく、生活環境たる社会制度でもなく、両者が交渉しあい、関連しあう相互作用そのもの」であり、「『社会生活の基本的要求』をもつ個人が、それぞれの要求に関連する社会制度を利用することによって、その基本的要求を充足する過程が、われわれの社会生活にほかならない」ことになる[23]。そして岡村は、社会生活を営むうえで個人と各種の社会制度との関係を「社会関係」と呼び、制度からではなく個人の側から見た「社会関係の主体的側面」こそが社会福祉固有の視点を形成する上で必須のものであることを明らかにする。
　岡村は、「現代の分業社会においてはすべての個人は、『社会関係の基本的要求』を充足する最低限の社会生活をしてゆくためにも、多数の社会制度との間に多数の社会関係を取りむすばなくてはならない」[24]としたうえで、現代社会において個人が直面する生活上の課題が「社会関係構造」上の特徴から導き出されることを明らかにする。

　　元来、社会制度は社会成員の生活上の要求を充足させるための機構であると同時に、社会自身の存続・発展を可能にする組織でもある。この2つの要求を調和させるために、社会制度は個人の生活上の要求を充足するばあいに、個人に対して一定の社会的標準に従うべきことを強制するのである。[中略]その制度的機能を現実に実行するのは制度的集団である。制度的集団の構造は一定数の地位(social status)の配列からなる組織であって、この制度的集団に参加し、これを利用する成員はすべてこの配列された地位に応

　　　　じた役割(social role)を果さなければならない。この役割を果すことによって、その社会制度は制度としての固有の機能を果すと同時に、その成員個人も社会的地位を維持し、かつ生活上の要求を充足するのである。従って生活上の要求が多ければ多いほど、また制度的集団の機能が分業化されていればいるほど、個人は多数の制度的集団に所属して、そこで要求される役割を果さねばならない。しかもその要求される役割は、各制度的集団自身の分業化された機能によって規定されるものであるから、相互にはまったく関連もなく、もっぱら制度自身の論理と立て前に従って規定されたものである[25]。

　分業が進展した現代社会にあって、各種の社会制度はひとりの個人に対して、個々別々の要求を行う。個人は、そうした要求を意識的にせよ無意識的にせよ「やりくり」して日常生活を営む。しかし、こうした「やりくり」を制度の側が充分に把握しているとは限らない。分業に沿って個人に関わる、いわば社会の側から状況を理解しようとするのが「社会関係の客体的側面」である。いわゆる「制度・政策論」の立場から語られる社会福祉は、こうした「客体的側面」から論じられている。これに対し、分割することのできない「個人」という側面から「社会生活の基本的要求」を理解しようとするのが「社会生活の主体的側面」である（社会関係の二重構造）。そして、岡村の論に従うのであれば、後者の側面こそが現代社会における生活上の問題点とその解決に向けた支援方法を引き出す重要な立ち位置となる。

　　　　高度に分業化された現代社会において、その分業制度から要求されるさまざまな役割を、あたかもピエロのように、その場その場の求めに応じてばらばらに実行することが現代社会生活の真相であるという認識では、そのピエロの悲劇を「悲劇」として理解することすらできないであろう。われわれが自動人形であることに不満をもつのは、われわれ自身が自動人形ではないからである。

そしてわれわれを単なる自動人形たらしめないのは、社会関係の主体的側面を認識し、これを維持しようとするからである[26]。

IV 「社会福祉固有の視点」と援助の原理

社会関係の基本的要求とその主体的側面に着目することで、社会福祉的支援・援助のありかたは、「一部の人」を対象とした「特別なもの」から、「すべての人」を視野におさめた「あたりまえのもの」へと変貌を遂げた。さらに、この視点は既存の社会制度の持つ課題や欠陥を指摘し、修正する原動力にもなる。

人々の生活は社会的に規定されているのであり（社会性の原理）、しかも社会生活の基本的要求を構成する7つの制度のすべてが満たされなければならず（全体性の原理）、社会生活の主体である個人の側からこうした状況が把握され（主体性の原理）、しかも生活は休むことができないのであり、その時点においては社会通念に反しているような内容であったとしても、その個人の生活上に必須とされるものは否定してはならない（現実性の原理）。そして、以上の4原理は「不可分のもの」[27]である。

> 社会福祉に関するかぎり、それ[生活困難]は社会生活上の困難にほかならない。純然たる個人の内面的生活としての宗教、信仰や思想上の問題は、社会福祉とは無関係である。社会福祉的援助は、援助対象者の宗教や思想のいかんにかかわることなく、彼の社会関係の困難のみを問題とし、これを純粋に援助するのである。社会福祉は宗教の伝道事業でもないし、思想教育の手段でもない。また社会関係から切りはなされた病気や心身障害も社会福祉の問題ではない[28]。

宗教的理念にもとづく社会福祉を展開してきた者にとっては許しがたい発想かもしれない。しかし、パターナリズムに陥ることなく、普遍的処遇に基づく支援は、個人の内面的生活とは異なる「社会生活上の困難」

に着目し、そうした困難に直面している当事者のみならず、そうした当事者に関わる専門家にとっても必要なものである。

> 今後の生活問題対策は、社会福祉をも含めて、他の多くの専門分業制度の専門家によるチーム・ワークによる接近が常態化されると思われるが、このばあい社会福祉の視点の固有性と共同的行動性との関連を明確にすることが必要である。また社会福祉が社会生活上の困難を問題にするということは、いいかえれば、社会的存在としての人間生活を強調するものであり、そのかぎりにおいて生活問題の社会的方策による解決を強調する。個人の任意的慈恵による問題の解決は、社会福祉的解決ではない。社会福祉は社会的承認(social sanction)を条件とするといわれるのは、その意味である。社会福祉のもつこの社会的人間像は、社会的存在ないし共同的存在としての人間であるから、生活問題の解決の援助は、問題の当事者による共同的解決ないしは問題当事者と援助者との共同的解決の援助でなくてはならない。このことから、社会福祉的援助においては、問題解決の結果と同時に、問題解決の過程を重視することを指摘しておかねばならない。この点は専門分業制度に属する生活関連施策のような問題解決の結果を重視するのと対照的である[29]。

社会的に規定されている生活当事者の困難は、「社会的」に解決されなければならない。分業の進展した現代社会にあっては、こうした分業に沿った社会関係を、生活当事者の視点に立ち、社会関係全体を視野におさめたうえで問題解決にあたることが求められる。

> 社会福祉のねらう社会的人間像は、多数の社会関係を矛盾のないものとして調和させることによって、いずれの社会関係においても個人が全精力を投入して社会的役割を実行する人間である。つまり「後顧の憂いなし」に社会人としての機能を実行しうるよう

第 7 章　岡村社会福祉論の論理構造と課題

な生活状況が、健全な社会生活の姿である。けっしてあちらにも、こちらにも「当たらず触らず」に過ごす八方美人的生活のことではない。このようにして社会関係の全体性の原理の示すものは、個人は1つの社会的役割を実行するのにも彼のもつ社会関係の全体をもってあたるという事実である。そして専門分業制度は、その専門的視点の単一性にもかかわらず、その制度を利用する個人の生活は、その単一的視野ではとらえることのできない全体的なものであるという矛盾をかかえていることを自覚しなくてはならない。ここに、すべての専門分業制度の効果的運営のためには、生活の全体性を認識し、これを援助する社会福祉の協力を不可避とする理由を認めることができよう。古くからいわれてきたように、社会福祉では「貧困」ではなくて、「貧困者の生活」を、また病気ではなくて、「病人」を問題にするというのは、そのような意味である。また「生活の不可分割性」とか「悪循環」をとらえるのが、社会福祉の特徴であるといわれてきたのも、そのような意味であった[30]。

　さらに、社会的分業に基づく要求充足の要として、主体者としての「個人」が想定される。

　　社会関係の主体的側面の第3の意味は、個人は多数の社会関係に規定されながらも、なおそれらの社会関係を統合する主体者であるということである。つまり多数の社会制度に規定されながらも、これらの多数の社会関係を統合し、矛盾のないものとしながら、社会制度の中から自分に都合のよいものを選択したり、時にはこれを変革するように働きかけて、社会人としての役割を実行する。そしてそのことによって、自分の生活を維持してゆく責任主体としての存在意義を示すのが、社会関係の主体的側面の論理のもつ意味である。これを「主体性の原理」とよぶゆえんである[31]。

133

社会的に解決されなければならない生活困難状況を自覚し、社会との関係性からその問題を自身のものとして解決を図る。他の誰かが答えを出してくれるのではない。「わたし」が主人公である。そして、主人公が演じる舞台としての社会が整備されなければならないことは言うまでもない。

> 社会関係の主体的側面を固有の視点とする社会福祉は、このような現代的社会状況の中で、個人の社会生活における主体的契機を明確にし、それの自覚と実現を援助する社会制度ないし行為として存在しなくてはならない。従って社会福祉の対象とする生活上の困難は、この点に関するかぎりにおいて、単なる衣食住の欠乏ではなくて、生活主体者としての自己を自覚し、これを実現しえないことである。各種の生活関連施策の提供するサービスを、ただ受動的に受けとる権利が保障されていても、それだけのことでは社会福祉に固有の視点は実現されたことにはならない。むしろこれらの生活関連施策のサービスが、サービス利用者の自己決定によって選択されることや、サービスの運営や基本方針の決定に対して生活主体者の参加が保障されなければ、社会関係の主体的側面の意味は、真実に貫徹されたということはできない[32]。

「社会性」「全体性」「主体性」という各原理にもとづく社会福祉固有の視点は、4番目の「現実性の原理」が加わることによって完結する。現実性の原理とは、生活当事者の基本的要求を貫くものである。

> われわれの生活問題は、その問題の当事者にとっては、単なる理論的説明ではすますことのできないほどの現実的課題であって、ともかくも現実的に利用できる条件によって解決するか、代償的方法によって満足するか、いずれにしても解決を求めてやまない問題である。それは生活とは、しばらくでも休んだり、やめたりすることのできない絶対的かつ現実的な課題だからである[33]。

第 7 章　岡村社会福祉論の論理構造と課題

　さらに「現実性の原理」は、生活困難を抱える具体的な個人に足場を置くだけでなく、支援に携わる者とともに現存の社会制度の不備や欠陥を指摘し、ひいては社会全体の変革へと繋がる道筋を提供する。

> 　社会関係の主体的側面を固有の視点とする社会福祉は、生活問題の当事者と同じ立場であるから、当然に生活問題解決の最終的な責任を負う社会制度でもあるということができる。従って社会福祉の提供するサービスは、何よりもまず生活問題の実際的解決をそのうちに含んでいなくてはならない。現実に利用しうる条件の中で解決できないような対策は、いかにそれが理論的に正当なものであっても、社会福祉的援助としては無意味である。そこでこれを「現実性の原理」とよぶ[34]。

　社会福祉固有の視点にもとづく「制度としての社会福祉」は、生活当事者とその支援者とともに、社会的分業によって生じた生活上の課題を把握し、その解決をはかる。すべての人々を対象とした「普遍的処遇」にもとづき、生活の現場に足を踏み入れる。「法律による社会福祉」と「自発的な社会福祉」との批判的協力関係が成立する。社会諸制度を総合化したものではなく、また個人の内面的適応を強いるものでもない。

> 　すなわち社会福祉固有の視点は、生活関連施策の各種の専門分業制度と異なる立場から生活問題を理解し、これに接近することを意味すると同時に、それは生活問題当事者ないし生活者自身と同じ立場にたつということである。つまり生活問題に対する福祉的理解という点において両者は共通点をもっているのである。この共通理解を手がかりとして、社会福祉的援助は、生活問題当事者に接近し、彼自身の問題解決を援助することが可能になるのである[35]。

　国家ないし地方自治体という一定の範域を想定し、「平均値」とその偏

差から把握される構造的課題の析出と各種資源の配置にもとづく解決策の構築ではなく、「社会福祉」は社会生活の基本的要求を実現する要としての個人に着目し、同じ生活当事者として支援にあたる。「社会福祉の援助を受ける対象者」ではなく、「社会福祉的援助の取りあげるべき問題」を「社会福祉の対象」とする[36]。「ひと」ではなく、「ひとの状態」への支援である。支援が必要となる状態は「社会関係の不調和」「社会関係の欠損」「社会制度の欠陥」としてまとめられる[37]。さらに、社会福祉が果たしうる5つの機能（評価的・調整的・送致的・開発的・保護的）が示され[38]、こうした機能を果たしうる社会福祉の「分野」が提案された後[39]、援助方法としてソーシャル・ワークの道筋が示されたところで、同書は完結する[40]。

> 社会福祉は生活困難の当事者による自発的な解決を援助する行為と制度である。つまり、自発的な解決ないし本人自身による解決に失敗した人を援助して、もう一度合理的に考え直して、自身による解決をやり直すために、社会福祉の専門家が手助けをするのである。けっして社会福祉の専門家が代って解決するのではない。従ってその生活問題の解決法は、平均的な日本人が毎日、自分の生活問題を解決しているやり方をモデルとするものである[41]。

「あたりまえの生活」の実現に、「特別な方法」は不要である。社会生活の現場で、当事者の声に耳を傾ける。生活上の課題を抱えた具体的な個人と肩を寄せて同じ景色を見る。「社会福祉政策」や「社会保障」「公衆衛生」等とは分業に基づく棲み分けが必要である。こうした立ち位置を見失ったとき、「岡村社会福祉論」は変質を余儀なくされるのであり、「社会福祉とは何か」という議論もまた曖昧なものとならざるを得ないのである。

V　岡村社会福祉論の発展的検討に向けて

　以上、1983（昭和58）年に発表された岡村重夫の『社会福祉原論』をテキストとし、その論理構造を明らかにする作業を通じて、「社会福祉とは何か」という根本的な問題に取り組んできた。岡村の社会福祉論は、(1)「法律による社会福祉」と「自発的な社会福祉」との批判的協力関係、(2)「社会生活の基本的要求」と「社会関係の主体的側面」に基づく「社会福祉固有の視点」、(3)「社会福祉固有の視点」から導き出される援助の原理、という論理構成からなっており、そのいずれも欠く事ができない。

　「社会福祉政策」ではなく、生活当事者とその社会環境へとはたらきかけるソーシャル・ワークである[42]。生活上の課題を抱える具体的な個人を前にした「現場の理論」である。そのため、制度・政策論の視点からは次のような典型的な批判が今日でもなされている。「岡村社会福祉学では社会制度と個人の取り結ぶ社会関係はとらえられているが、その背景に存在し、社会制度のありようを規定する社会総体とその運動をとらえるための視点や枠組み、さらに言えばそれを歴史的、社会経済的な社会構成体としてとらえる視点や枠組みが準備されていない」[43]。しかし、ここまでの議論をふまえるのなら、こうした批判は制度・政策論の側から岡村社会福祉論を矮小化したものであると言わざるを得ない。

　「社会福祉固有の視点」にもとづく岡村社会福祉論は、その妥当性等についての実践的研究による検証作業が必要とされている[44]。社会福祉は後戻りすることなく単線的に発展するのか。社会生活の基本的要求は今日においても妥当性を持ちうるのか[45]。社会福祉固有の視点から導き出される援助は実際に有効なのだろうか。そうした援助を有効なものとしうる社会構造上の課題とはいかなるものなのか。具体的な生活当事者を常に目の前にした検証作業によって、岡村社会福祉論の展開・発展は可能となり、「社会福祉とは何か」という問いにも明確な回答を用意できるようになるのである。

[注]

1) 大友・永岡;2013:1.
2) 手元にある岡村の『社会福祉原論』は「2008年5月初版第19刷」である。
3) 三浦・宇山;2003:37-44.
4) 孝橋;1962.
5) 古川;2012:280.
6) 社会福祉政策の主流は、資本主義社会体制の存続を目指したものである(坂田;2014)。
7) Lyotard(林康夫訳);1986.
8) 中西;2014. また、障害者の自立生活運動の原点の一つとなった「誰でも乗れる地下鉄をつくる会」が1976(昭和51)年に大阪で結成された際、代表者の一人として名を連ねているのが岡村重夫である(全国自立生活センター協議会;2001:303)。
9) 浦河べてるの家;2005.
10) 惣万;2002.
11) 岡村;1983.3.
12) 同:3.
13) 同:23.
14) 同:24-64.
15) 同:66.
16) 同:66-67.
17) 同:67.
18) 同:68.
19) 同:69.
20) 同:70.
21) 同:78-79. この点に関しては「哲学」に拠る(松本;1993:井上;2013)ことなく、次のような社会学の古典的な発想から理解可能である。「それぞれの個人は、飲んだり、眠ったり、食べたり、考えたりするわけであるが、およそ社会はこれらの機能が規則的にはたされることに関心をもっている。かりにそれらが社会的事実であるということになれば、社会学はそれ固有の対象をもたないことになり、その領域は生物学や心理学の領域と区別がつかなくなってしまおう。[改行]ところが、実際はといえば、およそ社会のうちには、他の自然諸科学の研究している現象からきわだった特徴をもって区別される、ある一定の現象群が存在している」(Durkheim.宮島喬訳;1978:51)。
22) 岡村;同:82.

23) 同:83.
24) 同:86.
25) 同:86.
26) 同:90.
27) 同:102.
28) 同:96.
29) 同:97.
30) 同:98-99.
31) 同:99.
32) 同:100.
33) 同:101.
34) 同:101-102.
35) 同:103.
36) 同:106.
37) 同:104-113.
38) 同:114-127.
39) 同:127-135.
40) 同:136-149.
41) 同:146.
42) 岡本・平塚;2010.
43) 古川;2012:282.
44) 大橋;2012:277.
45) たとえば「家族的安定」は「異性愛」を前提としており、「セクシャルマイノリティ」の生活課題について考察を難しくしている（薬師他;2014）。

［文献］

Durkheim,Émile.Les Règles de la Méthode Sociologique,1895（宮島喬訳.社会学的方法の基準：岩波書店;1978）.
古川孝順.岡村社会福祉学に学ぶ.松本英孝・永岡正巳・名倉道隆編著.社会福祉原理論（岡村理論の継承と展開第1巻）：ミネルヴァ書房;2012:278-282.
井上英晴.生と死の援助学－岡村重夫をメデイウムとして：かもがわ出版;2013.
孝橋正一.全訂社会事業の基本問題：ミネルヴァ書房;1962（2009復刻）.
Lyotard,Jean-François. La condition postmoderne;1979（鈴木康夫訳.ポストモダンの条件 －知・社会・言語ゲーム：水声社;1986）.
松本英孝.主体性の社会理論－岡村社会福祉学入門:法政出版;1993.
三浦文夫・宇山勝儀.社会福祉通論30講：光生館;2003.
岡本民夫・平塚良子編著.新しいソーシャルワークの展開：ミネルヴァ書房;2010.
岡村重夫.社会福祉原論：全国社会福祉協議会;1983.
大橋謙作.岡村理論の思想的源流と理論的発展課題.松本英孝・永岡正巳・名倉道隆編著.社会福祉原理論（岡村理論の継承と展開第1巻）：ミネルヴァ書房;2012:268-277.
大友信勝・永岡正巳編著.社会福祉原論の課題と展望：高菅出版;2013.
中西正司.自立生活運動史－社会変革の戦略と戦術：現代書館;2014.
坂田周一.社会福祉施策（第3版）：有斐閣;2014.
惣万佳代子.笑顔の大家族このゆびとーまれ－「富山型」デイサービスの日々：水書房;2002.
浦川べてるの家.べてるの家の「当事者研究」：医学書院;2005.
薬師実芳・笹原千奈未・古堂達也・小川奈津己.LGBTって何だろう：合同出版;2014.
全国自立生活センター協議会.自立生活運動と障害文化－当事者からの福祉論：現代書館;2001.

終章
「社会関係の主体的側面」を貫く福祉コミュニティ概念の再構成

Ⅰ　はじめに

　ここまで述べてきたように、ソーシャル・ワークを基盤とする「社会福祉固有の視点」[1]と、社会学者MacIverの発想をルーツ[2]とする「望ましい地域社会類型としてのコミュニティ」[3]。この2つの潮流が出会ったところに岡村重夫の「福祉コミュニティ」概念がある。「福祉コミュニティ」がどのように定義されたのか、振り返ってみたい。

　　さて社会福祉は、かつての救貧事業ではないとしても、しかしそれは本質的に住民の生活上の現実的および可能的困難を援助する制度的体系であるから、常にその関心は、生活上の不利条件をもつ老人、児童、心身障害児者、母子家庭、低所得者、反社会的行為者等、少数者集団のひとびとに向けられるのは当然である。これらのひとびとの生活上の要求は、地域社会の多数をしめる住民のための一般的サービスや環境条件の改善だけでは、充足されないものである。また一般的コミュニティにおいてみられる自然発生的な相互援助は、彼らをコミュニティの一員として受容し、支持するものではあっても、それによって何らかの特殊サービスとしての具体的な援助を期待しうるものではない。してみれば、これらの生活上の不利条件をもち、日常生活上の困難を現に持ち、または持つおそれのある個人や家族、さらにはこれらのひとびとの利益に同調し、代弁する個人や機関・団体が、共通の福祉関心を中心として特別なコミュニティ集団を形成する必然性をみとめることができよう。これをいま「福祉コミュニティ」とよぶならば、それは前述してきた[普遍的価値意識と主体的行動体系をそなえた住民から構成される]「地域コミュニティ」の下位コミュニティとして存在し、両者のあいだに密接な協力関係のあることが望ましい。しか

しそのような望ましい関係は、地域コミュニティのあるばあいにだけ期待されるものであって、まだコミュニティになっていない「地域共同体」や「無関心型地域社会」、さらには「市民化社会型の地域社会」においては、そのような協力関係は期待できないであろう[4]。

　日常生活の場としての地域社会が社会福祉理念実践の場であり、生活困難をかかえる当事者との「共通の関心」を基盤とした専門的支援を有効にすすめるためのツール、それが岡村の「福祉コミュニティ」である。こうした発想に対して、「『福祉コミュニティ』の実現を追求するときは、階級的・構造的などのさまざまな抵抗がある。別の言い方をすれば、少なくとも地域社会そのものにまったく変化がないままに、ひとり社会福祉面でだけ『福祉コミュニティ』が実現するといったことはありえない」[5]とする批判がある。他方、「岡村の福祉コミュニティ論には、たえず運動論があって、いうならば権力との拮抗関係のなかではじめて福祉コミュニティが奪取できるという発想が隠されている」[6]という指摘がある。さらに、「地域福祉学者の岡村重夫が彼の理論を高く評価したこともあって、現在でも地域福祉学者の間では奥田理論が大きな影響力をもっている」が、「コミュニティ形成から地域福祉へという地域福祉の主流化の背景には、弱い市民の存在や市民の複数性といった事態が横たわっている。これは、コミュニティ形成や奥田理論が前提とする『強い市民』がセルフ・オリエンタリズム的な虚構であったことを意味する。地域福祉の主流化以後になお奥田理論に固執することは自己矛盾的である」[7]とする主張すらなされている。

　しかし、岡村の社会福祉論全体を見渡すのなら、「変化を踏まえない」「奪取」「強い市民」といった批判が必ずしも的を射たものでないことは明らかである。誤った理解に基づき、「社会関係の主体的側面に基づく地域福祉論」というこれまでの議論を一刀両断に捨て去ることの社会的損失は計り知れない。ただし、こうした状況を引き起こした原因の一端は、本章の冒頭に引用した岡村自身による福祉コミュニティの規定そのものにもある。当事者個人を中心として「共通の福祉関心」をもつ人々や機

関等から形成される「福祉コミュニティ」と地域社会とは相互作用関係にある。「地域コミュニティ」に属さない地域社会にあっても、「福祉コミュニティ」形成の必要性が示されている。しかし、あくまでも福祉コミュニティは「地域社会の下位コミュニティ」とされる[8]。地域社会の重要性は認めつつも、それを所与のものと考えることで、地域社会の側からという「社会関係の客体的側面」が紛れ込む。このような一貫性のゆらぎにこそ、岡村の福祉コミュニティをめぐる論理上の課題がある。

社会福祉固有の視点である「社会関係の主体的側面」を貫徹する「福祉コミュニティ」概念の精緻化はいかにして可能なのであろうか。本章では1974（昭和49）年に発表された『地域福祉論』をテキストとし、岡村自身による福祉コミュニティ概念形成及び展開の過程を辿り、「どこ」で「どのような」論理展開のうちに性質の変容が生じたのかという批判的検討を行い、この問題への回答を導き出したい[9]。

II　福祉国家状況下における個別性・主体性を保障する場としての地域社会

岡村による社会福祉の特徴を一言で述べるなら、「現場の論理」である。その現場が「地域社会」であり、日常生活が展開されている。生活上の課題は地域社会で発生するのであり、その解決もまた地域社会でなされなければならない。こうした発想が「高次の社会福祉概念としての『地域福祉』という新しい接近法」の必要性として指摘される。

> 社会福祉の対象となるような生活上の困難の発生しているのは、まさしく地域社会においてであるから、その解決の努力も、当然その地域社会のなかで、また、地域社会に向けて行われるのでなくてはならない。ところが従来の社会福祉サービスは、この生活問題発生の場所であり、根源でもある地域社会を無視して、これから離れたところでなされる傾向があった。つまり社会福祉援助の対象者を、問題発生の根源である地域社会や家族からひき離して、収容施設に隔離的に保護す

ることで終ろうとしてきた。それは問題発生の直接の原因としての地域社会や家族の生活状況を無視するものであるから、決して真の問題の解決でも「治療」でもない[10]。

　従来の、あるいは今日でも深く理念として浸透している、生活施設への隔離的収容を前提とした社会福祉への痛烈な批判と、地域社会の意義を岡村は提示する。「地域社会など既に解体しており、存在していないものに問題の原因を求めるなど全く無意味である」「問題の原因を地域社会に求めるなど本来の論点を見誤ることになるのであり、必要なのは地域社会よりも大きな社会、多くの場合は国家とよばれるものへの着目が必要である」といったように、岡村による前提を否定することも可能である。しかし、岡村はこうした批判に対し、社会福祉学の独自性にもとづく支援のあり方と、そこから導き出される地域社会の意義を明らかにする。

　社会保障と区別せられた社会福祉的援助は、その対象者のもつ職業や家族関係、近隣関係や友人関係および地域的文化関係、一言にして言えば彼のもつ社会関係の全体を保存しながら、適切な処遇を与えることを目途とするようにならねばならない。それは、援助対象者を無造作に地域社会からひき離して収容施設に隔離する方式に対する根源的な批判である。かつては救貧法の運営においても、対象者を地域社会にとどめる「居宅保護」方式はとられたけれども、その「劣等処遇の原則」のために、彼は正常な近隣関係や人間的要求をみとめられなかった。したがって、外面的には対象者は地域社会において生活はしていても、決して彼のもつ社会関係を維持し、促進するような福祉サービスをあたえられたわけではない。ここに社会保障以前の、そしてこれに代替させられてきた社会事業と、社会保障以後の、そしてそれと明析に区別せられた固有の社会福祉との、処遇内容の差違があるといわねばならない。したがって社会保障以後の固有の社会福祉的援助においては、対象者のもつ社会関係のすべてを、いかにして保存するか

終章　「社会関係の主体的側面」を貫く福祉コミュニティ概念の再構成

が重要な問題であり、またこのような地域社会のなかにとどまる対象者を、自分らの隣人として対等の人間関係をもって迎えるような地域社会の構造や社会関係とはいかなるものであるか、またこのような地域社会状況をつくりだすための地域福祉活動とはいかなるものであるかが問われるようになる。こんにち各方面で議論されている「地域ケア」、「在宅者サービス」の主張、英国的な表現ではコミュニティ・ケア (community care) 論は、すべてこのような視点に立って論議されねばならないであろう[11]。

介護保険制度の見直しの中で、近年注目されている「地域包括ケアシステム」[12]もまた、こうした考え方にもとづいて展開されなければならない。どのような人であっても、「あたりまえの場所」で「普通の生活」を営むための支援が必要とされている。そのうえで、地域社会の存在を前提としない「福祉国家」には以下のような課題があるとされる。

「福祉国家」の目ざす「福祉」は、単に全国民に共通の平等の権利を保障するだけではなく、各個人の生活上の個別的条件に応ずる社会的サービスによってのみ現実に達成できるというのであれば、事情は一変する。なぜならば万人に共通する平等の権利というだけでは、まだ「福祉」にはならないからである。真の「福祉」であるためには、個人の主体的にしてかつ個別的な要求(needs)が充足されなくてはならない。その意味では、「福祉」は終局的には個別的処遇である。つまり、すべての個人に平等の権利と機会を保障するような一般化的施策―全国民の平均的要求を平均的な方法で充足する専門分化的制度による政策―と平行して、それに均衡する程度において個別的処遇が必要なのである。各個人ごとに異なる条件をもつ生活要求を、平均化された画一的方法で処理することは、決して「平等の権利」を実現するみちではない。個人ごとに異なる条件に適した異なる処遇によってこそ、はじめて「個人の平等」が実現されるのである。万人に共通する基本的人権を保障するための一般的な政策は、その反面において、各個人の

生活主体者としての要求と生活条件を個別的に配慮するサービスによって補完されなければ、真実に全国民のための「福祉国家」とはならない[13]。

こうした「個別性」「主体性」を実現する場所が地域社会である。「地域社会」は単なる便宜的存在ではない。顔の見える、声の届く日常生活の場である。「地域社会は、こんにちの社会福祉にとってほとんど決定的ともいえるほど重要な意味をもつようになった」[14]のであり、すべての人々を対象とした普遍的処遇を前提とする福祉国家状況下にあって、一人ひとりを主人公とした個別的な支援を可能とする場、それこそが地域社会である。しかし個別性・主体性にもとづく住民のニードやニーズのなかには、家族や一般住民によるインフォーマルな支援だけでは満たすことが出来ないものもある。こうしたニードやニーズを、日常生活の場において専門的なサービスや支援によって満たす仕組みが必要となるのであり、その仕組みの総体が「福祉コミュニティ」と名づけられたのである。

Ⅲ　社会関係の主体的側面を貫く福祉コミュニティ概念の再構成

地域社会についてのルーズな理解と、地域社会への過剰な期待。岡村は、こうした既存研究への批判的評価を踏まえ、社会福祉のための地域社会論の前提として、「在宅福祉＝コミュニティ・ケア」を提示する。

「在宅者サービス」といわれるものの真実の意味は、ひとりでは日常生活の困難な対象者でも地域社会にとどめながら、身の廻りの世話、訓練、リハビリテーション、家事援助等のサービスをあたえて、収容施設によるサービスの長所をとりいれ、短所を避けるようなサービスのことである。そのようなサービスを効果的に実行するためには、対象者自身とその家族の生活条件の全体を把握するという社会福祉固有の視点にたちながら、彼らの生活ニードを総合的に充足することが必

終章 「社会関係の主体的側面」を貫く福祉コミュニティ概念の再構成

要である。それは単一の福祉機関によって実施できるものではなくて、地域社会にある各種のサービス機関・団体施設の密接な協同と調整によってはじめて可能であり、また生活上不利な条件をもつ者に対する隣人や地域住民の相互扶助体制を必要とする、まったく新しいケア方式である。したがって単なる「在宅者サービス」ではなく、英国で言われているように「コミュニティ・ケア」（community care）という新しい用語がむしろ適切である[15]。

住み慣れた自宅で、しかも地域社会から孤立することなく生活をするという発想がここに示される。そして、生活上の課題を抱えた個人への専門的サービスから構成されるものと、同じ隣人として彼／彼女を受け入れるとともに、専門的サービスの効果をたかめる一般住民からなるもの、という2つの次元から構成される「地域福祉」が提示される。

コミュニティ・ケアは、教育、訓練、リハビリテーション、日常生活上の便宜の提供等の直接サービス活動であるが、その活動が真に対象者の福祉に役だつためには、社会保障、労働、住宅、医療・保健、教育、レクリェーション等の制度的機関による各種のサービスとよく調整されていること、また家族や近隣社会、友人関係等、一言にして言えば、「同一性の感情」に支えられながらも同時に、普遍的価値体系をもった近代的な地域共同社会[ルビは原文のまま]の存在を前提とし、対象者がよくこれに受容されていることが必要である。そこでコミュニティ・ケア自身は、地域社会における各種の制度的機関のサービス活動を調整したり、地域住民の受容的な態度の変容や自発的な協力活動をつくりだす「地域組織化活動」では決してないけれども、サービスの有効性のためには、論理的にこのような組織化活動を前提せざるをえないのである。かくしてコミュニティ・ケアと地域組織化活動の二つを下位概念として含む地域福祉という新しい概念が必要なのである。つまりコミュニティ・ケアは「地域福祉」体系のなかに位置づけられることによって、単なる「在宅者サービス」と区別せられるので

ある[16]。

　以上のようなプロセスを経て、冒頭に記したような福祉コミュニティ概念が提示されたのである。その構造的特徴としては、第1の構成員として「『福祉コミュニティ』の組織の中核をなすものは、サービス提供者としての社会福祉機関・団体ではなくて、むしろその反対に、現実的または可能的サービス受給者ないしは対象者である。生活保護受給者、低所得階層、心身障害者、老人、児童、母子家庭、保護観察中の個人や家族、精神障害者、アルコール中毒者、難病患者等々、福祉や医療サービスの対象者」、第2の構成員に「生活困難の当事者と同じ立場に立つ同調者や利害を代弁する代弁者」そして、第3の構成員として「生活困難者に対して、各種のサービスを提供する機関・団体・施設」が位置づけられる[17]。さらに、この福祉コミュニティと地域社会との関係性は以下のように記されている[18]。

　「新しいコミュニティ」の特長として、前に普遍的人権意識[原文のまま]と地域主体的態度をあげておいたが、「福祉コミュニティ」もこの「新しいコミュニティ」の一つであるから、福祉サービスの対象者が人権意識と生活主体者としての自覚をもって一般的な「地域コミュニティ」の構成員とならねばならない。「福祉コミュニティ」は、福祉サービスを必要とする対象者とサービス提供機関・施設・団体との共同討議の場であり、そこから地域社会における社会福祉サービスの欠陥を指摘することができるし、また社会福祉以外の専門家集団とも協力して社会福祉以外の専門分化的制度の改善の必要を指摘し、要求する場でもある。最後に「福祉コミュニティ」は、公共機関が実施しない福祉サービスを一時的にこれに代って実施する。したがって社会生活上の不利条件をもつ者が、地域社会において少数者であるために無視されるような社会的状況においては、自分の生活を守るために団結し、かれらの利益を代弁する者と協力して、生活者としての自己を貫徹するための機構として、この「福祉コミュニティ」は不可欠のものでな

終章　「社会関係の主体的側面」を貫く福祉コミュニティ概念の再構成

ければならない。一般的な地域コミュニティが成立していないような地域社会情況においてこそ、このような「福祉コミュニティ」は必要である。もちろん地域コミュニティの成立しているばあいと、それがまだ成立していない地域社会状況とでは、「福祉コミュニティ」づくりの方法や運営の手続きの異なることはいうまでもない。これらの方法上の問題は後節において述べることにして、ここではひとまず、このような「福祉コミュニティづくり」をもって、福祉組織化活動の目標と規定し、そのことによって、一般的な「コミュニティづくり」としての一般的地域組織化活動と区別すべきことを指摘しておきたい[19]。

　こうして普遍的処遇を前提とする福祉国家状況下にあって、個別性・主体性を実現する場としての地域社会と、より専門的な支援を必要とする個人を中心としたコミュニティ・ケア実現のための「福祉コミュニティ」という概念が明らかになった。しかし、岡村による社会福祉固有の視点である「社会関係の主体的側面」を貫こうとする場合、「地域社会の下位コミュニティ」「予防的社会福祉」「福祉コミュニティの機能」という3点において、その論理にゆらぎが生じる。
　第1の課題は、「下位コミュニティ」という表現である。奥田道大による地域社会類型のうち、普遍的価値意識と主体的行動体系をそなえた住民からなるコミュニティ＝モデル型地域社会の場合においてのみ、「下位コミュニティ」としての位置づけが可能である。それ以外の「地域共同体」「伝統的アノミー」「個我」では「下位」という位置づけは不可能である。しかし、地域社会が所与のものと見なされている限り、福祉コミュニティは「地域社会の下位システム」として理解されてしまう。地域社会との関係性は重要であるが、社会関係の主体的側面という立ち位置から外れないためにも、福祉コミュニティをめぐる議論に「下位」という表現は避けるべきである。普遍的価値意識と主体的行動体系という「共通の関心」をそなえたメンバーから構成される福祉コミュニティから出発し、その福祉コミュニティに外在する地域社会との関係性を検討すると考えるなら、こうした誤解は避けることができる。

第2の課題は「予防的社会福祉」である。岡村が現代の地域福祉において必須であるとする「予防的社会福祉」は、一般的地域組織化にのみ適応されるべき内容である。これが福祉コミュニティの文脈で使用されるやいなや、「社会関係の客体的側面」がその主体的側面を覆う形で表面化する。生活上の課題を実際に持っている個人が存在する、あるいは顕在化しない限り福祉コミュニティは形成されないのである。

　第3の課題は、「福祉コミュニティの機能」である。岡村は福祉コミュニティ形成による地域社会への望ましい影響、つまり「福祉コミュニティの機能」として(1)対象者参加(2)情報活動(3)地域福祉計画の立案(4)コミュニケーション(5)社会福祉サービスの新設・運営を挙げている[20]。生活上の課題を抱えた当事者の直接参加によって形成される福祉コミュニティは、特定個人の課題解決にとどまらず、一方で同様の課題を抱える類似した当事者に対して、他方で一般地域住民へもその影響を及ぼすことになる。疎外されがちな当事者の社会参加を促し、活動の場を提供するばかりでなく、彼ら／彼女らを含む「望ましい地域社会としてのコミュニティ」形成の核ともなる。当事者を中心として形成された団体や事業所の実践報告等から、その活動は「福祉コミュニティの機能」についての検証となっているように思われる。しかし、ひとたび形成された団体や事業所に視点を移した議論は、「社会関係の客体的側面」であるばかりでなく、当事者数が単数から複数へと変わるにつれて、「個別性」にもゆらぎが生じる。

　「精神医療におけるコミュニティ・ケア」「老人のコミュニティ・ケア」「心身障害者のコミュニティ・ケア」を事例として岡村が行った福祉コミュニティの意義については、その先見性に目を見張るものがある。「自立生活」「グループホーム」といった発想のもとに1970年代初頭で、分裂病（統合失調症）者の共同住宅というかたちで実践に移されていた報告の紹介・評価や、医療費や年金を中心とした高齢者福祉施策の不備、さらに医療サービスのみに重点がおかれた障害者施策等の指摘、これらはいずれも日常生活の場としての地域社会におけるコミュニティ・ケアの意義を明確に裏付けている[21]。しかし、「老人」「障害者」といったカテゴリ

終章　「社会関係の主体的側面」を貫く福祉コミュニティ概念の再構成

ーに対応させた場合、福祉コミュニティにおける主体性・個別性は消滅する。

　コミュニティ・ケア・サービス計画の立案と運営を適切にするためには、各地域ごとに正確な実態を把握する調査や情報収集を励行するとともに、それを反復して行うことが必要である[中略]。またこのような実態の正確な把握は、ある特定の日を指定して行われる一日調査では到底不可能であって、老人福祉ワーカーの常時の巡回訪問活動と近隣の老人福祉コミュニティの協力を得なくてはならない。なおこの老人福祉コミュニティは、[中略]「福祉コミュニティ」の一部として、各地域に組織されることが望ましい。それは老人の相互援助組織であるとともに、老人の家族や老人の生活問題に関連する制度的機関、団体、老人福祉のボランティアや有志個人等によって組織されるコミュニティであり、その機能は、前章「福祉組織化」のところで説明したとおりである[22]。

　障害者自身とその家族および代弁者や同調者、関係者は、障害者福祉問題に対する共通の関心によって一つのコミュニティを形成することを、障害者福祉の組織化活動として、前章において論じてきたが、それは障害者のコミュニティ・ケアにとっての前提条件である。障害者福祉コミュニティは障害者の自己主張の場であるとともに、協同の場である。それは一般的地域コミュニティの支持をうけながら、障害者コミュニティ・ケアの主体となり、客体ともなる自治的組織である。障害者の基本的要求としての社会的協同の機会は、この自治的組織において実現せられるであろう[23]。

　「老人福祉コミュニティ」「障害者福祉コミュニティ」は、いずれも福祉コミュニティのサブカテゴリーと位置づけられている。しかし、岡村が述べているのは「高齢者一般」「障害者一般」である。福祉コミュニティ概念の核となるはずである当事者個人一人ひとりが視野の中に入って

こない。「当事者」自身による発言と支援の在り方についての議論が、今日のように充分ではなかったという社会的・時代的制約は致し方ない[24]。とはいえ、こうした論理展開自体が、後に続く者を惑わす原因となったことを見落とすわけにはいかない。

今日の介護保険法や障害者総合支援法に代表される社会福祉パラダイム転換を議論するうえで、1974（昭和49）年に発表された岡村の福祉コミュニティ概念は重要な意味を持っている。年金等の社会保障制度そのものについてではなく、生活上の課題を抱えた個人が、日常生活の場としての地域社会において、あたりまえの生活を営む上でいかなる条件が必要であるのか、まずもって考慮されなければならないからである。そのためにも、ここまで検討してきた議論を踏まえ、「社会関係の主体的側面」という論理の一貫性を貫く以下のような福祉コミュニティ概念の再構成が必要である。

　今日における社会福祉は、すべての住民を対象としており、誰でも普通の場所であたりまえの生活を、自分自身の判断で営むことができるようにすることを目的としている。しかしそれは本質的に、住民一人ひとりの生活上の現実的な困難を援助する制度的体系であるから、常にその関心は、生活上の不利条件をもつ高齢者、児童、心身障害児者、母子ないし父子家庭、低所得者、反社会的行為者等、生きづらさを抱えたひとに向けられるのは当然である。これらのひとの生活上の要求は、地域社会の多数をしめる住民のための一般的サービスや環境条件の改善だけでは、充足されないものである。また自然発生的な相互扶助は、このようなひとを地域社会の一員として受容し、支持するものではあっても、それによって何らかの特殊サービスとしての具体的な援助を期待しうるものではない。これに対して、日常生活上の困難を持つ一人ひとりを中心として、その家族やこれらのひとの利益に同調し、代弁する個人や機関・団体が共通の福祉関心を中心としてつくりあげられた特別な集団を「福祉コミュニティ」とよぶことにする。生活上の困難を抱えた一人ひとりの当事者個人を中心として形成され

るこの福祉コミュニティを起点として、その外側に拡がる地域社会・全体社会とのあいだには批判的協力関係が必要である。地域福祉はこうした福祉コミュニティ形成を志向する地域福祉組織化と、望ましい地域社会としての「地域コミュニティ」形成をめざした一般的地域組織化という二つの側面から展開される。そして、社会関係の主体的側面にもとづき、福祉コミュニティ形成が何よりも優先されなければならない。

　社会福祉固有の視点である社会関係の主体的側面を貫くことで、福祉コミュニティ概念は再構成される。生活課題を抱えた具体的な「ひと」を中心として、そうした「ひと」にとっての日常生活の場である地域社会の在り方と、さらにそれをとりまく全体社会構造を視野におさめることで、福祉コミュニティ概念の検証・展開は可能となる。福祉コミュニティ形成を阻む社会的条件は何か。福祉コミュニティを構成しているメンバーは、普遍的価値意識と主体的行動体系をその後も維持することが可能だろうか。専門家は当事者・支援者及び事業体・各種の制度、さらにそれらをとりまく地域社会や全体社会との相互関係性の中でどのようなはたらきかけができるのか[25]。福祉コミュニティを中心とした社会福祉理論は、支援の現場における指針となる。そしてこうした実践活動をふまえた検証によって、社会福祉制度・政策の更なる展開が拓けることは言うまでもない。

Ⅳ　まとめ

　以上、岡村による福祉コミュニティ概念形成のプロセスを辿りながら、その論理構成上の課題について検討してきた。社会福祉固有の視点を貫き、主体的・個別的な原則のもとに福祉コミュニティ概念を検討するなかで、「地域社会との関連性」「予防的社会福祉」及び「当事者団体」という課題が明らかにされた。岡村によって示された福祉コミュニティ概念は、「社会関係の主体的側面」を貫徹すべく再構成されなければならな

い。ただし、それは岡村の主張を根底から覆すようなものではない。

> 社会福祉にとってコミュニティのもつ意味は、しばしば機能的社会や近隣社会から疎外され、仲間はずれにされやすい特定少数者を対等の隣人として受容し、支持するというところにこそあるというべきであって、それ以上の社会福祉的援助までコミュニティに期待することは誤りである。特定少数者を、いわば特定少数者でないように扱うところに、その特長があるというべきである。つまりコミュニティは、社会福祉にとって資源であり、効果を増強するための前提条件であって、その代用品であってはならない。[中略]以上のような[望ましい地域社会類型としての]コミュニティの一般的社会情況のなかで、とくにこれらの社会的不利条件をもつ少数者の特殊条件に関心をもち、これらのひとびとを中心として「同一性の感情」をもって結ばれる下位集団が「福祉コミュニティ」である。また地域社会がいまだコミュニティ型地域社会に形成されていないばあいには、これらの不利条件をもつひとびと、また何らかの社会的援助を必要とするひとびとは、地域社会から孤立し、劣等感や疎外感に苦しめられるのは明らかである。したがってこのような地域社会においては、なおさらこれらの特殊条件をもつひとびととその同調者や関係機関は、「同一性の感情」にもとづく強力な結合によって「福祉コミュニティ」を形成しなければならない[26]。

複数形である「ひとびと」ではなく、一人称単数である「わたし」を中心として、「同一性の感情」にもとづいて形成される福祉コミュニティは、多様化・複雑化、そして大規模化する現代社会にあって、一人ひとりが「多様なままで」「あたりまえの生活」を営むことを可能にするために必須の知的ツールである。そして、こうしたツールを使いこなす「当事者」をひとりでも増やすこと、それが「専門家」の役割であり、だれもが「自分自身の専門家」として生活上の課題について多様な人々や機関・制度を活用した日常生活を営むことができるようになること。これが福祉コミュニティの意義である。そして、地域性と地域社会感情を前

終章 「社会関係の主体的側面」を貫く福祉コミュニティ概念の再構成

提とし、普遍的価値意識と主体的行動体系をそなえた住民から構成される「コミュニティ」をいかにして形成するのか。それが今日における地域社会の課題なのである。

[注]

1) 岡村;1956:同;1983.
2) MacIver & Page;1949:8-9.
3) 奥田;1971.
4) 岡村;1974:69-70.
5) 真田;1992:94-95.
6) 佐藤守;1996:10.
7) 武川;2006:60-62.
8) 岡村;1974:86-87.
9) 岡村の同書は2009（平成21）年に「新装版」（復刻版）が、2011（平成23）年には第2刷が発行されている。
10) 岡村;1974:1-2.
11) 岡村;同:3.
12) 「京都式認知症ケアを考えるつどい」実行委員会;2012:地域包括ケア研究会;2013.
13) 岡村;前出:8-9.
14) 岡村;同:11.
15) 岡村;同:42.
16) 岡村;同:47.
17) 岡村;同:70.
18) 社会福祉理念を先行させているという点で「普遍的人権意識」の方が一歩踏み込んだものと考えることができる。しかし奥田による分類を踏まえるのであれば、「価値」と記すのが妥当であり、以下の引用部分を除き「普遍的価値意識」と記した。
19) 岡村;同:70-71.
20) 岡村;同:92-95.
21) 大原・粕谷・大西;1972.ただし、同書で報告されている事例はあくまで「支援者の視点」からのものである。
22) 岡村;前出:122.
23) 岡村;同:158.

24) 木村・市田;2000:中西・上野;2003:同;2008:浦川べてるの家;2005:藤井・桂木・はた・筒井;2007:綾屋・熊谷;2008:ピープルファースト東久留米;2010:NPO法人認知症当事者の会;2012:佐藤雅彦;2014:障害学研究会中部部会;2015.
25) 常設型地域の茶の間「うちの実家」編;2013:勝部;2016：NPO法人豊島子どもWAKUWAKUネットワーク;2016.
26) 岡村;前出:87.

［文献］

綾屋紗月・熊谷晋一郎.発達障害当事者研究―ゆっくりていねいにつながりたい:医学書院;2008.

藤井ひろみ・桂木祥子・はたちさこ・筒井真樹子.医療・看護スタッフのためのLGBTサポートブック:メディカ出版;2007.

常設型地域の茶の間「うちの実家」編.うちの実家10年の記憶2003-2013:博進堂;2013.

勝部麗子.ひとりぼっちをつくらない―コミュニティソーシャルワーカーの仕事:全国社会福祉協議会;2016.

木村晴美・市田泰弘.ろう文化宣言―言語的少数者としてのろう者.現代思想編集部編.ろう文化:青土社;2000:8-17.

「京都式認知症ケアを考えるつどい」実行委員会編著.認知症を生きる人たちから見た地域包括ケア-京都式認知症ケアを考えるつどいと2012京都文書:クリエイツかもがわ;2012.

MacIver,R.M.,Page,C.H. Society;AnIntroductory Analysis:Macmillan and Company Limited;1950（若林敬子・竹内清による部分訳.コミュニティと地域社会感情.現代のエスプリ;1973.68:22-30）.

中西正司・上野千鶴子.当事者主権:岩波書店;2003.

中西正司・上野千鶴子.ニーズ中心の福祉社会へ―当事者主権の次世代福祉戦略:医学書院;2008.

NPO法人豊島子どもWAKUWAKUネットワーク.子ども食堂を作ろう！―人がつながる地域の居場所づくり―:明石書店;2016.

NPO法人認知症当事者の会編著.扉を開く人　クリスティーン・ブライデン―認知症の本人が語るということ:クリエイツかもがわ;2012.

大原重雄・粕谷もと・大西光子.共同住宅による分裂病者の社会復帰:医学書院,1972.

岡村重夫.社会福祉学（総論）:柴田書店;1956.

岡村重夫.地域福祉論:光生館;1974.

岡村重夫.社会福祉原論:全国社会福祉協議会;1983.

奥田道大.コミュニティ形成の論理と住民意識.磯村英一他編.都市形成の論理と住民:東京大学出版会;1971:135-177.

ピープルファースト東久留米.知的障害者が入所施設ではなく地域で生きていくための本:生活書院;2010.

佐藤守編.福祉コミュニティの研究:多賀出版;1996.

佐藤雅彦.認知症になった私が伝えたいこと:大月書店;2014.

真田是.地域福祉の原動力―住民主体論争の30年:かもがわ出版;1992.

障害学研究会中部部会編.愛知の障害者運動－実践者たちが語る:現代書館;2015.

武川正吾.地域福祉の主流化:法律文化社;2006.
地域包括ケア研究会.地域包括ケアシステムの構築における今後の検討のための論点（持続可能な介護保険制度及び地域包括ケアシステムのあり方に関する調査研究事業報告書):三菱UFJリサーチ＆コンサルティング;2013（厚生労働省HPwww.mhlw.go.jp.2015年3月20日).
浦川べてるの家.べてるの家の「当事者研究」:医学書院;2005.

補章
明治期北海道屯田兵制度による「地域」と「家族」の形成―S屯田兵村を事例として―

Ⅰ　はじめに

　人がその成長の過程において、社会の規範や価値を学ぶことで社会に参加し、自我を確立して社会の一員になっていくプロセスを「社会化」(Socialization)と呼ぶ場合、そうした社会化の主要な担い手はしばしば「家族」と「地域」であるとされてきた。家族・地域いずれも、直接的接触による密度の高い結合を中心とする「第一次集団」と考えられているからである。

　もちろん、具体的な場面においては、家族や地域が個人の社会化を阻害することもある。また家族や地域などもはや社会化の機能など果し得ない、あるいは家族や地域など集団としての意義を失っているという主張もある。しかし、複雑化した現代社会にあって、そうした社会から生じる諸問題に多少なりとも関わろうとする場合、何らかのかたちで「家族」と「地域」に直面しないわけにはいかない。接触が直接的で、しかも密度の高い社会関係を成立させる「場所」で、しかも殆ど誰にでも利用できるようなもの、それが「家族」であり「地域」だからである。

　しかし家族にせよ地域にせよ日常生活に深く入り込んだ言葉であり、数多くの意味内容がそこに盛り込まれている。同じ言葉を使っていても、それが差し示している内容がまったく異なることすらあり得る。従って、研究の方針を明確にするためにも、予めここで用いられる基本的な概念の内容を限定しておく必要がある。

　ここでは、「地域」と「家族」を以下のような一種の理念型として把える。一方の極に「自然的な」要素が強いと思われるものを、他方に「人為的な」要素が強いと考えられるものを位置付ける。またここでは操作的に「地域」が「家族」を包摂しているものとする。「わが国の農村に於

ける社会化の単位は第一に家族であり、次に自然村である事は勿論である」[1]といった主張が前者の理念型を代表するものである。ここでは地域と家族をそれぞれ「ムラ」「イエ」と言い換えてもそれほど不自然ではないだろう。この類型では、地域や家族における「第一次的な」社会関係を「自然な」社会関係と読みかえることができる。

このような自然的要素の強い理念型の対極には、都市社会あるいは大衆社会ではなく、「人為的な」家族と地域を置く。「解体」ないし「拡散」していくものよりも、成立の条件が異なるものを対極に位置付けることで、事物をより明確に捉えることが可能になる。そして、こうした類型の一事例として本章で対象としたのが、明治期に制定された北海道屯田兵制度によって形成された「屯田兵村」と「屯田家族」である。屯田兵村の一つである篠津兵村（江別兵村の子村）を分析した森岡清美は屯田兵村と屯田家族の特徴を次のように述べている。

「屯田兵は妻子、親あるいは兄弟を伴い、家族をなして移住した。これは屯田兵の規定に、年齢一五才以上六〇才以下、身体強壮にして北海道に移住し、屯田兵を助け、農業に従事する確実な志操を有つところの家族二人以上を要すとの一項が含まれていることに応ずるものであり、政府が屯田兵を兵個人としてではなく『家』として把握したことによる」[2]ものとされている。しかも彼等への制度上の保護は厚く、「国家による屯田『戸』創出作用」[3]として理解されるまでに当局の意図が及んでいた。また、これは屯田兵村に限ったことではないが、「村が単なる自然発生的な地域生活圏ではなく、行政的見地からその範囲が決定」[4]されており、「自然村」との違いも明確である。屯田兵制度は、地域の範囲と家族の形態を規定していたのであり、国家の手により人為的に創り上げられた家族と地域である。

このように、屯田兵制度による「地域」と「家族」は、先に述べたような自然的要素の強いそれらとほぼ反対の極に位置している。もちろん、このことから「屯田兵村」をもって北海道の地域社会の典型などと主張するつもりはない。北海道の地域社会のプロトタイプを考える場合、例えば集団移住村や個別移住村・農場村、さらにはアイヌをはじめとする

補章　明治期北海道屯田兵制度による「地域」と「家族」の形成—S屯田兵村を事例として—

先住諸民族の聚落[5]を無視することができないからである。従って、ここで明治期の屯田兵村を考察の対象とする目的は、専ら屯田兵制度という人為的（国家的）な要因によってつくりだされた「地域と家族」の特徴を明らかにし、そこで営まれている社会関係を可能な限り析出することにある。

　ここでは1887（明治20）、1888（同21）両年に入植・開村された「S屯田兵村」、及び兵村内220戸の「屯田家族」を検討の対象とした。また、資料の制約から、期間は1887（明治20）年から1900（同33）年までの約10余年に限定している。以下ではまず北海道屯田兵制度の概要についてふれた後、この制度がS兵村の地域空間をいかに規定していたかを、兵隊の組織や地域組織と関連させて述べる。次いで、S兵村『兵籍簿』に記されたデータを中心として、「屯田家族」の形成を「戸主」に焦点をあわせて検討する。最後に、「婚姻ネットワーク」の分析によって、屯田家族の特徴と屯田兵村の性格とが密接に結びついていたことを示す。そしてこうした一連の作業から、人為的な計画や制度による「屯田兵村」「屯田家族」の形成過程が、実はきわめて「人間的な」営みであったことを明らかにしたい。

II　北海道屯田兵制度の概要

　北海道屯田兵制度は、1875（明治8）年から1903（明治36）年にかけて、本州・四国・九州の各地からの移住者により、道内各地に37の兵村と7千数百戸の屯田家族をつくりだした制度である。上原轍三郎によれば、屯田兵創設の起因として次の5点があげられる[6]（以下、旧字は新字で表記）。

　①北海道及樺太ニ於ケル警備ノ必要ナルコト
　②本道拓殖ノ必要ナルコト
　③屯田兵制度ニヨリテ士族ノ授産ヲナシ得ルコト
　④屯田兵制度ニヨリ警備開拓ニ関スル経費ノ軽減ヲナシ得ルコト

社会関係の主体的側面と福祉コミュニティ

⑤本道ニ人口少ナク而モ此等ノ住民ハ拓殖上重要ナル者ナリシヲ以テ本道ニ於テハ徴兵令ニ拠リ兵員ヲ徴集スルコト能ハザリシ

　要するに「北海道ハ広大ノ沃野幾百万町歩正ニ以テ彼レ等士族ヲ収容シ開墾拓殖ノ業ニ就カシムルヲ得、殊ニ北海ノ警備最モ急ナル時ニ当リテ彼等ヲシテ屯田兵タラシムルコトハ武力ヲ得ル点ニ於テ又彼レ等ノ武人タルノ心理的関係ニ於テモ多少ナカラザル利益ト便宜トヲ有スルヲ以テ良策ト云フベキ也」[7]、言い換えるなら、一方で北方警備（軍事）と北海道開拓（農耕）という課題があり、他方で明治近代化に伴う困窮士族授産という問題があり、これらを結びつけることで効率よくそれぞれの課題解決をめざしたもの、それが北海道屯田兵制度の目的だったのである。

　但し、後述するように、衣・食・住すべてを国家の手で用意したうえでの移住であっため、屯田兵として北海道に移住するには、いくつかの条件をクリアする必要があった。そして、この条件が屯田兵村及び屯田家族の形態をある程度まで規定していた。もっとも、この北海道屯田兵制度自体は幾度か修正されており、いかなる年代に募集・入植したかによっても、兵村や屯田家族の性格は異なっている。そこで、次に屯田兵としての応募資格及び入植後の条件や修正部分の主要な点を整理しておきたい。

　まず、さきにもふれたように、その目的の一つが「士族授産」であったことから、当初は屯田兵の族籍は士族に限られていた。士族という「身分」の者だけが屯田兵として北海道に移住することができたのである。しかしその後、必要人員を集めることができないなどの理由から、1890（明治23）年以降は募集条件から士族という限定が撤廃されている。そのためこの年以降に採用された屯田兵のほとんどは「平民」で占められることになった。そして、1890（明治23）年以前に開かれたものが「士族屯田（兵村）」、それ以降に拓かれたものが「平民屯田（兵村）」という呼称で区別されている。

　また、屯田兵の年齢制限についても時期により多少の変動がある。当

補章　明治期北海道屯田兵制度による「地域」と「家族」の形成―Ｓ屯田兵村を事例として―

初は18歳から35歳であったが、1885（明治18）年には17歳から30歳に、さらに1890（同23）年以降は17歳から25歳へとその年齢の範囲は狭められている。しかし、「如斯ナルヲ以テ屯田兵ノ年齢ハ極メテ不動ニシテ現役中ニ於テ極メテ弱年ナルモノアリ、又四十歳ヲ超過シタル年長者モアリタリ」[8]と述べられているように、多少の誤差は見過ごされていた。とはいえ、こうした年齢の枠内で採用された者が「屯田戸主」として家長の扱いを受けることになったのであり、これが「屯田家族」の性格・特徴を規定しないわけにはいかなくなった。但し、制度発足当初は単身でも構わなかったが、「募集スルニ当リテハ一戸平均四人五分ヲ超エザルヲ要スルノ制度ナリ。如斯ニシテ携帯シ来レル家族ハ兵員ト共ニ与ヘラレタル兵屋ニ起臥シテ開墾耕稼ニ従事」[9]することになったのは、1885（明治18）年以降のことである。

さらに兵村という地域にとっても、またそれぞれの屯田家族の生活の基盤や資産という点でも無視することのできないものが「土地」である。そもそも、「当局ハ予メ其移住民ヲ入ルベキ土地ヲ調査選定シ其土地ノ状況ニヨリ或ハ農耕適地トシ或ハ牧畜適地トス」[10]といった「土地利用計画」に基づいて兵村の位置は確定されている。また屯田兵への土地給与制度は、兵村内部での土地と人間との関係を明示している。「屯田兵ヲシテヤ強制的ニ土着セシムル」ために「移住ノ年ヨリ30箇年ハ土地ノ譲渡若ハ質入書ヲ無効トシ且ツ強制執行ヲ之レニ施スヲ得ズ」[11]という制限があったものの、最終的には一戸あたり1万5千坪の土地が、更に下士官には5千坪の増給地を含めた計2万坪の土地が開墾の後、給与されることになっていた。また、屯田兵に給与するのと同一面積の土地が、兵村に「共有地」として与えられた。国家による当時の「むらづくり」の基本方針が、屯田兵村の土地を巡る施策に示されていたのである。

しかも、この方針は兵村の戸数規模にも表れている。37の屯田兵村を規模別に集計すると（表補1）、200戸前後を中心として計画されていたことがわかる。兵村の戸数規模は、「一中隊一兵村」というように、軍隊組織を基準として決定されたと思われる。しかし鈴木栄太郎の試算による第二社会地区（自然村）の規模が45世帯から150世帯（270名から900名）

であったことを考慮すると[12]、多少それよりも規模が大きく、また多くが集村ではなく散居形態をとっていたとはいえ、少なくとも戸数規模に関する限り、北海道にあっても「相互面識の限界」としての「第二社会地区」[13]、言い換えるのなら、一つのまとまりとしての「地域」の論理が計画の段階ではたらいていたと考えることができる。

最後に、屯田兵員の服役年限も無視することができない。当初そうした年限は存在せず、1885（明治18）年の改正でも「服役年限ハ予メ之レヲ定メザルモ服役者死亡スルカ其他ノ事故アリテ免除セラレタル時又ハ年齢四十歳ニ至レバ其子弟ヲシテ兵役ヲ相続セシム……一種ノ世襲役」であった。しかしこれは「今日ノ文明国ニ於テ到底善良ナル方法ト称スルコト」ができないのであり、また屯田兵維持費増加等の点からも見直しが行なわれた。1890（明治23）年の改正では、「屯田兵ノ服役期限ヲ20箇年トシテ現役期満四十才ニ至リ又ハ死亡若ハ其他ノ事故ニヨリテ服役スベカラザルトキハ其家族中適当ナル男子ヲシテ残期ヲ相続セシメ若クハ適当ノ男子ナキ時ハ兵役ヲ免ズル」ことになった。さらに、この20年の服役年限は、「現役」（3年）、「予備役」（4年）、「後備役」（13年）の3期に分けられ、1901（明治34）年の改正では、現役5年、後備役15年と簡略化されるに至ったのである[14]。

世襲役から期限限定へと変更せざるを得なかった更なる理由として、屯田兵定着の難しさをあげることができる。逃亡などによる「給与地没収処分戸数」は、37兵村7,319戸のうち163戸（2.2％）である[15]。但し、兵村によっては15％近くにその数が及んでいるところもある。さらに制度解消後の北海道屯田兵全体の定着率が推定で約2割[16]という数字をみ

表補1　屯田兵村規模別集計

入植戸数	兵村数
99	1
120	2
160	1
169	2
199	3
200	16
218	1
220	7
222	1
225	1
240	2

入植戸数　7319
平均　197.8

補章　明治期北海道屯田兵制度による「地域」と「家族」の形成―Ｓ屯田兵村を事例として―

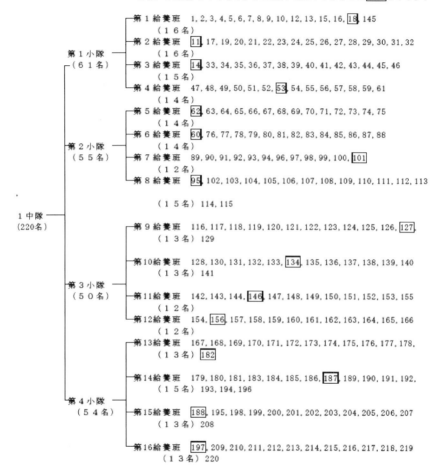

社会関係の主体的側面と福祉コミュニティ

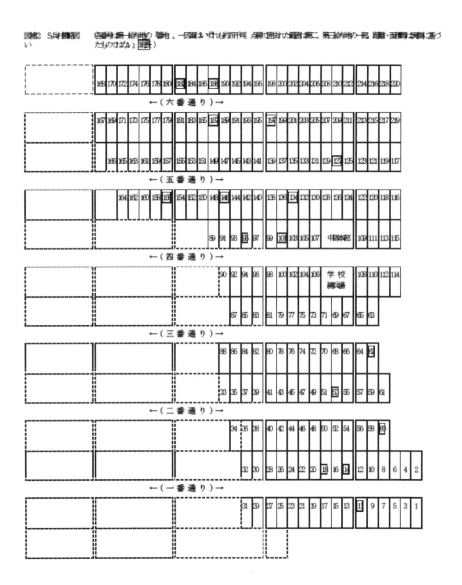

補章　明治期北海道屯田兵制度による「地域」と「家族」の形成—S屯田兵村を事例として—

に、後には小尉にまで昇進した人物である。空間的なまとまりを基本としているものの、個人の能力も加味されていたと考えることができる。とはいえ、全体としては軍事上の編制と地域空間とは、この時点でほぼ重なっていたといえよう。

　この各「通り」を単位とした空間的なまとまりは、いわゆる地域組織にも反映している。1888（明治21）年に創設され、現在の当地区の地域住民組織の原型にもなっている「兵村会」は最も顕著な例である。この兵村会は、学校維持や土木・衛生・備荒備蓄等々を主要な目的とした「兵村における自治機関」[20]であった。そして、この兵村会を運営する役員の選出方法にこの空間的まとまりの影響が強く及んでいる。

　つまり、「兵村会なるものは屯田兵一ケ中隊を以て一区域とし、最初は各小隊下士一名及び兵卒四名を選出し之を議員とし、（任期ハ二ケ年毎年半数改選）各小隊長がそれぞれ議長に当った。而しこの運用方は余りにも官僚式だと云ふので間もなく若干民衆化されたものが施行された。それに因ると選挙区を定め十戸に一名の割合を以て会員を選出する……［これはその後さらに改正され］選挙区（第一区自一番通至二番通第二区自三番通至四番通第三区五番通第四区六番通）を四区に分ち一区より四名の会員（会員及役員共任期は四ケ年二年目毎に半数改選）を選出し以て之を組織し、尚会員中より互選にて…役員を選び之が執行機関とした」[21]。しかもその後、主に大正期に組織された「氏子組織」（及び「祭祀組織」）、「消防団」、「農事組合」、「青年団」等々、この兵村を範域としてつくられ蓄積されていった各種の集団は、いずれもこの「通り」を基本に区分されている。そしてこの地域区分の考え方は、現在でも町内会をはじめとした当地区の各種住民組織に受け継がれている[22]。

　以上から、地域空間として一つのまとまりを持ったS「兵村」及びその細分化の単位が軍隊編制上のそれとほぼ一致しており、またその後に形成された各種の地域組織や機能集団もこの範囲を基礎として蓄積されていったことが明らかになった。但し、軍隊編制という要因がそのままS兵村という地域形成の要因になったと主張することには無理がある。確かに、この要因を軽視するわけにはいかない。しかし軍事とは別次元

での社会関係も無視することができない。軍事的な要因のみがＳ兵村形成に強い影響を及ぼしていたとするなら、1895（明治28）年の後備役編入により、あるいは後に屯田兵制度そのものが廃止された時点で、こうした地域的なまとまりは完全に消滅したはずである。しかし、そのようにならなかった大きな理由が、この間に形成された人間と人間との関係、及び人間と土地との関係にあった。そして、これら様々な関係の空間的まとまりの総体をここでは「地域社会」と呼ぶことにする。

　もっとも、「建築学的見地」からこれを説明することも可能かもしれない。この視点に立つならば、入植以前に然るべき図面が描かれ、それに基づいて土地区画・兵屋が配置されている。しかもどの区画に入るかは抽選で決められるのであるから、「地域社会」など「図面」の時点でほぼ決定されているといえる。これはある程度まで認めないわけにはいかない。特に、近隣関係などは大きな影響を被ったと考えざるを得ない。また地域組織の空間的分割単位も、既に図面の時点で確定されていたとみなすこともできる。しかし、こうした計画のみで「地域社会」が形成されると考えるわけにはいかない。

　「屯田兵制度」によって、一定の空間的なまとまりを持った「地域社会」の重要な基盤がつくりあげられたことは確かである。しかし、軍隊編制や地域計画の側面のみでそれを論じることは不十分である。生活をしている一人ひとりの「人間」が視野に入っていないからである。そこで、入植の年である1887（明治20）年から1900（同33）年までの僅か13年間についてではあるが、Ｓ兵村『兵籍簿』に記載された「屯田家族」についてのデータを基に、地域社会形成への人間的要因の一端を明らかにしてみたい。

Ⅳ　「屯田家族」の形成

　表補3はＳ兵村入植時の世帯規模別集計（同居世帯員）である。世帯人員として記載されていても、出身地等に寄留している成員はその数から除外されている。他方、「付籍者」として同居している者はこの数に加え

補章　明治期北海道屯田兵制度による「地域」と「家族」の形成―S屯田兵村を事例として―

た。要するに国勢調査の「世帯」と同じ考え方である。以下では、「屯田家族」とは「屯田戸主の家族員」ではなく、屯田戸主を含めた全構成員からなる「世帯」を指すものとする。そこでこうした基準で一戸あたりの平均世帯人員数を求めると、4.5人になる。ここから全体としては屯田戸主が家族を伴って来道・入植したことがわかる。しかし単身世帯も6戸あり、家族を伴って移住しなければならない、という制度上の規定が必ずしも浸透していたわけではなかった。また、「屯田戸主」の続柄は長男が6割強を占めているが、2割近くは「養子」である。「戸主」が血縁のみによって規定されていないことがわかる（表補4）。

表補3　入植時の世帯規模
（入植時点での同居世帯人員）

世帯規模	世帯数	割合
1	6	2.7%
2	21	9.5%
3	29	13.2%
4	49	22.3%
5	63	28.6%
6	26	11.8%
7	15	6.8%
8	6	2.7%
9	3	1.4%
10	1	0.5%
不明	1	0.5%
合計	220	100.0%

表補4　入植時の「屯田戸主」続柄

続柄	人数	割合
長男	135	61.4%
二男	25	11.4%
三男以下	16	7.3%
養子	43	19.5%
不明	1	0.5%
合計	220	100.0%

　次に屯田戸主の年齢を集計すると（表補5）、ここでも満17歳から30歳までという規定にもかかわらず、16歳及び32歳が各1ケースずつあり、制度の「弾力的運用」が見出される。また、10代の屯田戸主数が全体の3割近く（64ケース）を占めており、彼等が父親と同居していた場合、現実に「戸主」としての権限を行使し得ていたかどうかという疑問が生じる。

　そこで、220戸中で父親（養父を含む）と同居していたケースをとりだ

すと、その数は126戸（57.3％）、父親の平均年齢は45.9歳となる。しかも、その父親の年齢を屯田戸主年齢別に集計しても（表補5）、極端に大きな差は生じない。当時の日本社会における「平均隠居年齢」についてのデータがないので正確なことを述べることはできない。しかし、「屯田戸主」と同居している父親の年齢は必ずしも高くはなかった。

この点についてもう少し細かく検討するために、前戸主がどの時点で現「屯田戸主」に戸主権を委譲したのかを時期別に集計すると、移住直前に集中していることが明らかになる（表補6）。特に、1887（明治20）年4月及び1888（同21）年4、5月の集中は顕著であり、この場合屯田兵として一家を挙げて北海道に移住することが、「戸主権委譲」のきっかけになっていたことがわかる。屯田家族として北海道に渡ることがなければ、まだ戸主の地位にあった父親が少なくなかったであろう。

表補5　屯田戸主年齢分布及び同居父親、未婚戸主数（入植時）

年齢	人数	割合	父同居	父平均年齢	未婚戸主	内、父同居数
16	1	0.5%	1	44.0	1	1
17	28	12.7%	28	47.1	28	28
18	15	6.8%	12	51.2	14	11
19	20	9.1%	16	46.9	19	16
20	18	8.2%	12	49.8	16	12
21	8	3.6%	4	51.3	8	4
22	13	5.9%	10	51.5	11	8
23	15	6.8%	9	58.2	11	9
24	9	4.1%	5	47.2	7	4
25	13	5.9%	5	56.2	10	5
26	19	8.6%	8	55.3	13	5
27	15	6.8%	4	56.8	11	2
28	18	8.2%	7	54.3	3	2
29	23	10.5%	4	53.3	4	1
30	3	1.4%	1	52.0	1	0
32	1	0.5%	0	－	0	0
不明	1	0.5%	0	－	1	0
合計	220	100.0%	126	45.9	158	108

戸主平均年齢　23.0歳　父親同居率　57.3％

表補6　屯田戸主「戸主権」継承時期（前戸主隠居時期、判別分のみ）

継承時期	件数	内、養子
明治18年以前	29	2
明治19年	10	3
明治20年1月	1	0
2月	5	2
3月	15	4
4月	25	8
（第1次入植）5月	5	0
6月以降	2	1
明治21年1月	1	1
2月	2	1
3月	2	1
4月	17	3
（第2次入植）5月	12	1
合計	126	27

表補7　入植時屯田戸主の婚姻形態と親（含、養親）

	同居	非同居	計
未婚	144	14	158
既婚	34	28	62
計	178	42	220

　また、屯田戸主は未婚者が79％を占めており、しかもその大部分が親（養親を含む）ないし長兄などの年長親族と同居している（表補7）。確かに個々の事例のなかには、21歳の長男が39歳の母親と7歳と1歳の2人の妹とともに来住するケース（父親は既に死亡）や、同じく21歳の養子が養父（47歳）、養母（38歳）、さらに4歳、3歳、1歳という3人の養妹と入植するなど、実質的に一家の主要な働き手であることが期待されているような場合もないわけではない。しかし、屯田戸主は若年になるほど未婚で、しかも父親（養父を含む）と同居する傾向が強い（表補5）。その点で、S兵村においても森岡が分析した篠津兵村の事例と同じように、「屯田兵出願の発意も実は親の側にあったものが少なくないのではないかと

考えられる」[23]のであり、実質的な戸主権も父親（ないし養父）の方にあったと考えてもおかしくない。

　例えば、S「兵村会」の1889（明治22）年役員22名について集計すると、屯田戸主本人に代って父親や実兄が兵村の運営に関与している者は10名を数える。彼等は「家を代表して」役員になっていたであろう。ここから、名目的な戸主と実質的なそれとは確かに分離する場合があったと思われる。そのうち3ケースは「養父」が、2ケースは二男である屯田戸主の「実兄」（長男）が役員になっている。残りの5ケースでは、いずれも実子で長男であっても、父親が役員として兵村会に参加している。しかもこうした屯田戸主のうち3名が十代ということも無視できない。彼等は養子である為に、また二男故に、さらに若年を理由として、「屯田戸主」でありながらも兵村内部で「戸主」としての役割を演じることができなかったと理解することができる。

　他方、父親と同居しており、しかも比較的若年であっても、屯田戸主が兵村会役員として参加しているケースもないわけではない。「屯田戸主」と実質的な「戸主」とが分離する傾向性はあったにせよ、それがすべてであったとの結論を下すわけにはいかない。屯田家族として北海道に移住してきた「困窮士族」にとっては、屯田戸主こそが生活資源獲得のための主要な資源だったのである。従って、前戸主である父親との感情的なわだかまりはあったかもしれないが、若年とはいえ「一家の主要な稼ぎ手」ゆえに実質的な「戸主」になっていたケースは少なくなかったはずである。そして、年齢という要因だけではなく、「未婚者」であるということが屯田戸主と戸主との分離傾向を促進したものと思われる。

　彼等の多くは未婚者であるとともに父親（養父）と同居している。つまり屯田戸主から見るのなら、入植時での屯田家族の多くはまだ「定位家族」のカテゴリーにおさまっているのである。その点ではまだ「親の家族」であっても「自分の家族」ではない。それゆえ、対外的に戸主を名乗ることが許されていたにしても、家族内での家長権は依然として父親に残されているような「屯田家族」が少なくなかったであろう。戸主権が完全に一元的なものになるためには、こうした屯田戸主が配偶者を

得ることで「生殖家族」へと移行する必要があったと思われる。そして、現実に入植から10余年の間に屯田戸主の多くが配偶者を得て、定位家族から生殖家族への移行を達成しているのである。

1900（明治33）年末時点で屯田戸主の8割近くが入植時のままである（表補8）。しかし、この時点までに6戸が規則に反して離村し、土地・家屋を没収されている（これらの没収土地・家屋はS兵村共有地とされた）。また43戸がさまざまな事情のため、初代とは異なる者を屯田戸主の地位に就けている。十年余のうちに、2割近くが交代したわけである。個々の事例を参照するまでもなく、屯田戸主という地位の厳しさがこの数字に反映している。とはいうものの、S兵村全体で見た場合には、入植時には独身であった屯田戸主の多くが、この期間中に配偶者を迎え自らの「家族」を形成していた。

表補8　明治33年末時のS兵村屯田戸主

	戸数	割合
入植時のまま	169	76.8%
二代目等	43	19.5%
没収	6	2.7%
不明	2	0.9%
計	220	100.0%

表補9　明治33年末での屯田戸主の婚姻形態と親（含、養親）ないし年長親族との同居・非同居

	同居	非同居	計
未婚	39	10	49
既婚	95	68	163
計	134	78	212

1900（明治33）年末時点での屯田戸主の婚姻形態と、年長親族との同居・非同居について集計したものが表補9である。入植時点のもの（表補7）と比較すると、既婚率が28.2％から76.9％へと上昇している。また、

親等との同居率が80.9％から63.2％へと減少している。さらに、非同居で既婚の戸主世帯が12.7％から32.1％へと増えている。これらの数字から、1900（明治33）年末までに、屯田戸主の年齢が上昇し、配偶者を得て生殖家族を形成した者が増加したこと、そして父親や年長親族の加齢・死亡及び分家によって同居世帯が減少したことがわかる。要するに、既婚屯田戸主の増加及び同居世帯の減少といった2つの要因が屯田家族内部での戸主権一元化に大きく寄与していたのである。

　実際のところ、この年の兵村会役員は16名中14名まで初代屯田戸主で占められている。屯田戸主の父親が役員になっているのは2名にすぎない。1889（明治22）年の時点では兵村会役員の半数近くが父親ないし長兄であったことを考えると、地域住民組織の運営という点においても、この期間に屯田戸主がいっそう家を代表するようになった。この1900（明治33）年という時点で、S兵村での「屯田戸主」と「戸主」との分離を主張することはほとんど意味をなさない。

　S兵村での事例を検討する限り、屯田兵制度によって形成された「屯田家族」は、戸主年齢の制限などのため、入植当初においては実質的な戸主と名目的な戸主とに分離する傾向があった。しかし、約10年間に屯田戸主の年齢上昇および配偶者を得たことによる「生殖家族」の形成によって、このような戸主権の分離傾向は殆ど解消されていたのである。

Ⅴ　養子戸主の諸問題

　このように、S兵村全体としては入植から約10年間に屯田戸主は実質的な「家長」へと成長していったわけであるが、そこに疑問が残らないわけではない。つまり、屯田兵の募集規定ゆえに養子として迎えられた屯田戸主、つまり「屯田養子」がはたして同様に戸主になっていくことができたのかどうかについてである。

　日本における養子制度は、「家」との関係を無視して論じることはできない。しかも、「養子にはあととり養子とそうでないものがあった。あととり養子は家に規定されたものであることは明らかであるが、これ以外

補章　明治期北海道屯田兵制度による「地域」と「家族」の形成―S屯田兵村を事例として―

の養子でも分家が予定され、分家後は同族団の一員としての関係を持ったのは、家の連合である同族団に規定されたことを示しており、日本に特有の風習」[24]であるとされている。屯田養子を検討する際にも、「あととり養子」と「そうでない養子」とを区別する必要がある。そして、後者の場合、屯田戸主と実質上の戸主との間に相当な隔たりがあるものと思われる。

　さらにこれとは別に、屯田兵村での養子を検討する際に決して無視することのできない局面がある。それは戸籍上養子であるが、実際には「株」を購入することでその家を引継ぐ「株養子」の存在である。先に述べたように、屯田兵としての北海道移住には数々の恩恵があった。そしてこの恩恵を得る為に、「養子制度」が「活用」（当局の視点からは「悪用」）されていたことを示すもの、それが株養子なのである。

　1889（明治22）年の屯田兵応募資格規定には、「養子ニ入籍後出願期日迄ニ満一箇年ヲ経過セザルモノ」[25]との欠格事項が加えられている。おそらく、形式的に養子として「屯田戸主」になっただけで、実際には家の成員にさえならなかった、というような事例を踏まえてのことであろう。「偽装養子」とでも呼ぶことができるかもしれない。そして、このような資格規定が加えられたにもかかわらず、「養子ニシテ入籍後一箇年以上ニ至ルモ戸籍面ノミニシテ依然実家ニ居ルモノ往々アリ斯ノ如キハ一家ノ不熟ヨリ本務ヲ害スルノ例少カラズ故ニ家族ノ人員、名称、若クハ生計ノ模様等ヲ推問シ明答シ能ハザルモノハ多ク此種ノ輩ナルヲ以テ此等ニ就キ注意ヲ払フコト」[26]という告示がその後加えられなければならなかったのは、様々な規制を乗り越えて養子制度がいかに悪用（当事者の視点からは「活用」）されていたかを物語っている。

　S兵村の屯田戸主のおよそ2割が「養子」であったことについては既にふれた（表補4）。そして、『兵籍簿』に記載された事項から判断する限り、「戸籍面ノミニシテ依然実家ニ居ルモノ」を見出すことはできなかった。養子戸主すべてが、さきに述べたような意味での制度「活用」と直接関わっていたと考えるわけにはいかない。北海道に移住する以前に「家の存続のため」幼少のうちに養子になっていた、あるいは同様の理由で

「婿養子」になった者がここには含まれていると思われる。北海道移住によって「家の再興」を試みた者もいたことであろう。また、実は「株」を購入し、戸籍上は養子として処理していたケースもあるかもしれない。そこで、S兵村「養子戸主」43ケースに対象を絞り、個々の事例を踏まえながらさらに検討を加えることにしたい。

養子に入る前の「家」を族籍別に集計すると、「養子戸主」43ケース中、約半数にあたる20ケースが「平民」である（表補10）。篠津兵村の分析で森岡が述べているように、彼等が「士族の株を購入した」か否かは、このデータのみで明らかにすることはできない。しかしながら、少なくともこの20ケースについては屯田兵として北海道に渡るまでに地域移動のみならず「身分の移動」も達成していた。

表補10　「養子戸主」の出身族籍別及び出身家と養家との地理的関係

	他県	同県	同郡	同村同町	計
士族	1	5	2	14	22
平民	0	6	5	9	20
不明	0	1	0	0	1
計	1	12	7	23	43

また北海道に移住する以前の、養子に入る前の家と、養子として迎えられた家との地理的関係を見ると、1ケースを除いていずれも出身県内におさまる。しかもそのうちの約半数は「同村内」ないし「同町内」、つまり直接的な社会関係が充分に成立し得る範囲内である。養子になる者と迎える家とは多くの場合、まったくの見ず知らずの関係ではなかったであろう。何らかの縁者が養子として迎えられていたと思われる。

次に養子入籍年を見ると（表補11）、確かに1887（明治20）年以降の入籍者が半数近くを占めている。養子を迎えることによって応募条件を満たし、屯田家族として北海道に移住してきた層である。入籍年だけから判断すると、こうした屯田戸主のなかに「株養子」が含まれている可能性が高い。しかし、これだけで彼等にそうしたラベルをはるわけにはいかない。そこで、養子として入った家での血縁関係に着目して個々のケ

ースを検討した結果、興味深いグルーピングが可能になった。

表補11　養子屯田戸主入籍年

入籍年	入籍前の族籍 士族	平民	不明	計
明治17年以前	12	4	0	16
18年	1	3	0	4
19年	2	2	0	4
20年	4	8	1	13
21年	3	3	0	6

　養子戸主世帯は、まず大きく2つの層に分けることができる。家の構成員が存在しており、そこに養子として迎えられるというケースがある。他方、養子であるにもかかわらず、その「家」の血縁者が一人もいない（来道していない）ケースもある。そして、この後者こそが、養子制度と屯田兵制度を最も活用した、つまり「家の株を購入した」可能性が最も高い。そこで、「（普通の）養子」のケースと、「株養子」と目されるケースとを対照しながら更に検討を進める。

　まず、普通の養子のケース、つまり養子として家の構成員から迎えられる場合から見ることにする（43ケース中33ケース）。『兵籍簿』に記載された事項に基づいて、養子を迎えなければならなかった事情を推測すると、

　　(1)実子が全くいなかったと思われるケース――――7（内、平民から養子2）
　　(2)男の子供がいなかったと思われるケース――――4（同、3）
　　(3)娘の配偶者として養子を迎えたケース――――7（同、3）
　　(4)応募条件への適合者がいなかったケース――――15（同、11）

というように分類することができる。

　(1)から(3)の類型におさまる18ケースは、養子の一般的イメージに沿ったものである。「あととり養子」としての資格を具えているとみなすことも可能である。そしていずれの類型においても、平民から養子として迎

えられているケースがかなりの割合を占めている。さらに、「実子がいないケース」と「婿養子のケース」では、その大部分が移住年よりもかなり前に養子として入籍している。屯田家族として北海道に移住することがなかったとしても、彼等の多くは「あととり養子」として迎えられていたことであろう。

　他方、「(4)応募条件への適合者がいなかったケース」では逆に、移住直前に養子入籍が集中している。また、「平民」から入籍した実数が最も多いのもこの層である。屯田兵としての適格者を急遽養子に迎え、北海道に移住してきたグループである。そして、このなかには実際に「あととりでない」養子が含まれている。

　『兵籍簿』から、次のような事例を引き出すことができる。33歳の戸主は、年齢制限のため屯田兵として北海道に渡ることができない。しかし、実子である「長男」はまだ満7歳である。そこで、20歳の青年（士族出身、二男）を養子として迎え、その日のうちに戸主権が譲渡された。この「一家」が屯田家族としてS兵村に入植したのは、それから僅か3週間後のことである。しかも、このケースでは入植から4年後に実子である長男が戸主権を相続し、「養子戸主」は隠居の身となり、さらに5年後の1897（明治30）年にはS兵村近郊へと分家送籍されている。つまり、彼の場合「あととり養子」ではなく、実子である長男が成長するまでの「中継ぎ」だったのである。

　他方で、類似した条件にありながら「あととり養子」であったと思われる事例もある。年齢制限にかかっている42歳の戸主は、妻と長男（10歳）、次男（8歳）、三男（6歳）の3人の子供を抱えていた。屯田兵の条件を満たしていないのは明らかである。そこで、24歳の青年（平民出身、長男）を養子戸主に迎えることになった。S兵村入植の1か月前のことである。1892（明治25）年には出身県から配偶者（平民）を迎え、1898（明治31）年までに一男二女をもうけた。他方、次男は1891（明治24）年に村内の別の家へと養子として送籍され、1897（明治30）年にはそこの家を相続している。残念なことに、この屯田家族に関するデータはここまでであり、本来の長男と三男がどのようになったのかは定かでない。し

かし、この「養子戸主」は1908（明治41）年から4年間兵村会の役員を務めており、おそらく実質的な「戸主」として認知されていたものと思われる。

　以上から、すべての養子戸主が屯田兵として北海道に渡ることだけを目的として創設されたわけではない、ということが明らかになった。他方、北海道移住直前に養子戸主を迎えたケースでは「屯田兵に附随する恩恵を享受するために、巧言をもって若者を養子としそれに服従」[27]させていたこともあったであろう。なかでも平民から「士族の家」の養子になった者にこのタイプの「屯田戸主」が少なくなかったと思われる。しかし大部分は、「士族の株を購入した」というよりも養家での親族の扶養、あるいは後の分家独立と引換えに平民から士族への「身分移動」を行ったと考えた方が妥当であろう。

　これと比較して、「株養子」と目される層の家族構成は極めて対照的である。Y家からX家に迎えられた「養子」がいる。ところが、北海道に屯田家族として移住したX家にはそのX家の血縁者が一人もいない、それが「株養子」と目されるケースである。S兵村でこの条件に当てはまる屯田家族は10戸を数える。そのうち3戸は単身世帯、そして残りの7世帯の構成員の実質的にすべてが、養子を出した側の家の「親兄弟」で占められている。つまり、表向きはX家であるけれども、その構成員はすべてY家の血縁者なのである。しかもこうしたタイプの養子10名中9名までが次、三男層である。ここから、分家創設の手段として「X家」という「株」が取り引きされたとみなされても不思議ではない。

　但し「士族の株」が実際に金銭上の取り引きの対象になったかどうかを断定できる直接の資料はない。また、「老齢で夫婦関係を持つに耐えない単独世帯の場合には、親類か知友が心配して、彼か彼女のために養子夫婦をもって、この家を相続させることを心配するのが常であった。万一この独身者の生前にそれが成功しなくても、死後においてこの家を相続するあととりをきめる習慣」[28]から、こうした事態が生じたと考えることもできる。つまりこうした習慣に基づいて、前戸主が死亡した後に養子としてその家に迎えられたのであれば、別に「不自然」なことはな

い。実際、10ケース中7ケースまでが北海道移住以前に前戸主が死亡している。このタイプの養子戸主すべてを「株養子」とみなすことには無理がある。

ところが、S兵村に移住してからこのような養子制度を「活用」して、表面上禁止されている土地の売買や「地域移動」による分家創設は実際に行われている。彼等が養子として家に入った後、しばらくたってから前戸主一家すべてがS兵村を離れる。家屋・土地ともども「居抜き」で取り引きされるのである。この場合、養子を迎えた家が「老齢で夫婦関係を持つに耐えない単独世帯」でないことは確かである。

『兵籍簿』からこうした「株養子」という手段を用いて、S兵村内での分家創設に成功したと思われる家は4件確認された。いずれも1891（明治24）年から翌年にかけてのことである。屯田兵の現役期間が終了し、入植時から支給されていた各種の手当が打ち切られる時期とほぼ一致しているのは、けっして偶然ではない。以下のような事例をあげることができる。

A家は1888（明治21）年の入植当時、戸主とその妻からなる屯田家族であった。現役期間終了後の1891（明治）24年9月23日、S兵村内のB家戸主の実弟（22歳）がこのA家に「養弟」として入籍した。そして翌1892（同25）年5月31日、この養弟はA家の家督を相続し「新戸主」になった。他方、A家「前戸主」は同年10月28日に妻とともに「分家送籍」となり、S兵村を離れた。さらにA家「新戸主」（B家戸主実弟）は1895（明治28）年に村外から妻を迎え、ここに「B家の分家」が完成した。「A家」という家名は変わっていない。しかし、世帯構成員は旧A家とは全く血縁関係のない人々へと完全に入れ替わったのである。他の3ケースも類似したパターンをとっており、いずれもS兵村屯田戸主の実弟が養子に入り、戸主権を継承した後に、前戸主をはじめとする「旧屯田家族」はすべて「分家送籍」によりS兵村を離れている。

ところが、この「株養子」が常に成功したわけではない。特に、1893（明治26）年以降行われたこの種の「移動」には当局のかなり厳しい摘発の手が及んでいる。そして、S兵村では株養子の廉で6戸が給与された土

補章　明治期北海道屯田兵制度による「地域」と「家族」の形成—Ｓ屯田兵村を事例として—

地家屋を没収されている。そしてこの摘発事例から、株養子に際してさまざまな名目で金銭が譲渡されていたことが明らかになる[29]。

　1896（明治29）年の没収事例では、「分家料トノ金百八拾円ヲ収受シ兵屋給与地ヲ譲与シ此金ヲ以テ自己ハ分家ノ上関係ヲ絶ツベキ契約ヲ為シ昨年十月旅行シタル侭今ニ帰村不致候右ハ書面ニ於テ隠居料云々ノ文字ヲ以テ条例抵触ヲ免カレントスルモ其行為契約証書等ニ依テ看ルニ全ク売買的譲渡ヲ為シタルニ相異無之屯田兵土地給与規則第四条及第六条ニ該当スルモノト認定候也」と明確に金銭の授受、及び養子制度の「活用」が記されている。Ｓ兵村における他の没収事例にも「身続金ト称シ金六拾円ヲ収受」、あるいは「兵屋給与地ヲ譲与シ金弐百円余ノ内百五拾円ヲ収受」といったように、「株養子」には「分家料」や「隠居料」「身続金」等の名目で金銭の授受が行われていたのである。

　しかしながら、この「株取り引き」を単純に非難することはできない。土地や家屋の取り引きが公的に禁止されているなかで、Ｓ兵村から、あるいは北海道から離れようとする者にとって、また村内での分家を望む者にとっても、この株養子というやりかたは貴重な手段であったと思われる。そして、こうした養子制度の「活用」は、北海道に屯田兵として移住する以前にも行われており、多くの場合その際に金銭が支払われていたのではないかとの推測が可能なのである。

　以上から、当局が憂慮したような意味での「養子戸主」をＳ兵村の事例から見出すことはできなかった。屯田兵として北海道に移住することがなくても養子に迎えられる可能性が高かった層が一部にある。また、扶養を条件に平民から士族へと「身分の移動」の達成手段として養子になったと思われる層もある。さらに、「株養子」としておそらくは金銭の授受を伴って行われた養子縁組も皆無ではない。しかし、「偽装養子」といったような事例をＳ兵村での資料から見出すことはできなかった。

　確かに、養子戸主のなかには「あととり養子」も含まれていた。しかし、「屯田兵たらしめるための養子が虚弱で期待に反すると、実家へ戻される」[30]ことがＳ兵村でもあったようである。また、先に述べたように入植当時に幼少であった長男がその後成長して戸主権を継承し、それまで

の養子戸主は分家に出されたというような事例もある。「応募条件への適格者がいなかった」ために迎えられた養子は、実子が成長するまでの「中継ぎ」だったのかもしれない。あるいは養子とは名ばかりで、単なる「使用人」だったのかもしれない。そしていずれのタイプの養子であったにせよ、全体としてS兵村の養子戸主を支える社会的基盤は脆弱なものであった。

　1900（明治33）年末までに220名中49名の初代屯田戸主が、様々な理由のためにその地位を退いている（没収6戸を含む）。彼等を実子と養子とに分類すると、前者が31名、後者が18名となり人数のうえでは実子が多い。しかし、入植時の実子戸主が176名であったのに対して、養子戸主は43名である（不明1名）。ここから、入植時からの屯田戸主の存続率を求めると、実子戸主が82.4%であるのに対して、養子戸主の場合は58.1%と、25%近くの差が生じる。

　また、先に行った養子戸主の類型ごとにその数値を求めたところ、北海道に移住する際に「株養子」になった可能性が高いと目される場合と、「屯田兵の条件に適合しなかったため」養子を迎えたケースで、その数値はそれぞれ5割程度にまで低下した。屯田兵として北海道へ渡ることを目的とした養子戸主の立場はかなり弱いものであったと考えざるを得ない。「養子ニ入籍後出願期日迄ニ満一箇年ヲ経過セザルモノ」を屯田兵の欠格事項に加えた当局の心配は、「偽装養子」よりもこのような点にあったのかもしれない。

　「養子戸主」、とりわけ屯田兵として北海道に渡る際に急遽養子となった「屯田戸主」は実質的な戸主とは見做されない場合が多かった。これは、同じく北海道へと移住する直前に戸主権を委譲された「実子」の屯田戸主の場合も同様であった。しかし、S兵村全体としてはそれから約10年のあいだで、屯田戸主と実際の戸主とはほぼ一致していった。そして、戸主が実子の場合、その最大の理由は屯田戸主自身の「成長」にあった。また、北海道に移住することがなくとも養子になっていた可能性の高いケースも、実子の場合とほぼ同様である。しかし、屯田兵制度ゆえに養子となった「屯田養子」の場合、半数近くは初代戸主の交代によ

って「屯田戸主」と「戸主」との分離傾向が克服されていたのである。

VI 婚姻ネットワークから見た家族と地域の形成

　最後に、このようにして形成された屯田家族が、S兵村という「地域」といかなる関係を持ったかを検討してみたい。そのための主要な指標としてここで用いたのが「婚姻ネットワーク」である。屯田家族形成の項で既にふれたように、入植時に屯田戸主の8割近くは未婚であった。ところが、約10年間に既婚者のほうが8割近くを占めるようになっている。そして入植時から1900（明治33）年に至る「既婚率」の上昇は、単に屯田戸主が実質的な戸主になっていくプロセスを示すだけに留まらない。

　既婚率が上昇することは、当然のことながら他の家から配偶者を迎えたり、別の家に配偶者として家族員を送り出すことがその背景にある。そして、ここで形成された「家」と「家」との関係を「婚姻ネットワーク」と呼ぶことにする。つまり、ここでの単位は「家」（屯田家族）である。従って、このネットワークには屯田戸主以外の家族成員の婚姻も含まれている。そこでまず、入植から10余年間のこのネットワークの量的拡大を把握し、次いでその質的側面、つまり「婚姻圏」を確認する。婚姻ネットワークという社会関係がS兵村という「地域空間」にどのように蓄積されているかを知ることで、S兵村という「地域社会」の特徴がいっそう明らかになる。

　表補12は1887（明治20）年から1900（同33）年までに形成された婚姻ネットワークを集計したものである。13年間に225の婚姻関係がつくり上げられている。1年毎に集計すると、全体では1888（明治21）年から1897（明治30年）までが「結婚ブーム」であったことがわかる。但し、それを兵村内の家同士のものと兵村外の家とのものに分けると、はじめの何年かは兵村内部での、そして後半は村外の家との間で形成されたネットワークが中心になっている。

表補12　婚姻ネットワーク形成件数（明治20年～33年）及び通婚圏

	明治20	21	22	23	24	25	26	27	28	29	30	31	32	33	不明	計
兵村内	8	17	10	14	16	9	5	4	7	4	4	3	3	4	1	109
村外から	0	7	5	9	4	3	14	11	8	9	6	3	3	2	2	86
村外へ	0	0	1	2	3	1	0	5	1	6	4	2	0	2	0	27
不明	0	0	0	0	0	0	0	0	0	0	0	0	0	0	3	3
計	8	24	16	25	23	13	19	20	16	19	14	8	6	8	6	225

　さらに「村外から」を男女別に集計すると、女性が83名に対して男性が3名である。また「村外へ」も同様に集計すると女性26名、男性1名となる。単純に計算しても、10年余りの間に、差引57名の女性人口が婚姻によって増加したことになる。女性配偶者を村外に求めなければならなかったわけである。そしてこの理由の一つは、当時のＳ兵村内の男女人口比のアンバランスにある。

　概算ではあるが、入植時のＳ兵村人口の男女比は全体を10とすると、男性6に対して女性は4という割合であった。家族を伴って移住することが屯田兵の規則であった訳であるが、軍隊であること、そして北海道への開拓移住であること、この2要因から入植当初では男性が多くなったものと思われる。そして、その後の10余年はこうした人口アンバランスの解消へと向うプロセスであった。これも概算ではあるが1900（明治33）年末でのＳ兵村男女人口比は、男女ともほぼ同比率にまでその差が縮小している。

　しかし、男女人口比のアンバランスだけがこうした結果を引き起こしたと考えるわけにはいかない。こうした人口学的な理由とともに、それ以外の要因も検討しておく必要がある。そこで社会的・文化的背景に焦点をあわせ、まず配偶者の「出身県」との関係から、次いで「家格」という視点から、このような婚姻ネットワークの特徴を論じることにしたい。

　まず、兵村外から女性配偶者を求めなければならなかった大きな要因の一つは出身県である。移民社会である北海道において、共通の生活様式や文化的背景をそなえている者を配偶者として得ようとし、それを出身県に求めることは充分考えられる。そこで、村外との婚姻ネットワー

補章　明治期北海道屯田兵制度による「地域」と「家族」の形成—Ｓ屯田兵村を事例として—

クを配偶者の出身地（前住地）と関係づけて整理すると、その数字は出身県から配偶者を求めたり、出身県に配偶者として渡ることはそれほど大きなウェイトを占めていないことを示している（表補13）。もちろん「道内」はそれ以前の出身地が不明であるため、実際にはここでの数字を上回る同一県出身者間のネットワークが見出されるかもしれない。しかし、Ｓ兵村と他の地域との婚姻ネットワークの中心は北海道内、とりわけ近郊町村とのものが多数を占めていた点を無視することができない。わざわざ遠方にまで配偶者を求めなくても、近郊諸地域に適切な者がいるのならそれで構わない、と考えられていたのであろう。

表補13　村外との婚姻ネットワークの地理的関係

	出身県	他県	道内	計
村外から	14	22	50	86
村外へ	1	3	23	27
計	15	25	73	113

次に、婚姻関係を検討するうえで、とりわけそれが家と家との関係が強調される場合、「家格」という要因も避けて通るわけにはいかない。そして、これは「出身県」以上に当時の共通の生活様式・文化的背景として重要なファクターであったと思われる。そして、ここでの家格の指標は族籍という「身分」である。

Ｓ兵村の屯田家族の「族籍」が士族であることは何度も述べてきた。屯田兵制度の主要な目的の一つが「士族授産」であり、後に条件が緩和されたとはいえ、Ｓ兵村の屯田兵が募集されたときには「士族であること」が必須条件とされていたからである。確かに、養子や「株購入」によって平民から士族へと「身分移動」を行った者も存在した。しかし、形式的にはＳ兵村の屯田家族はすべて「士族の家」である。従って、配偶者を求める際にも族籍、言い換えるなら「家格」という要因が作用した為に、その家格に合致する者をＳ兵村の外にまで求めた可能性も考えられる。ここでは「村外から」配偶者を得た場合に限定して、配偶者の族籍と出身地（前住地）ごとに集計を行った。

その族籍に着目すると、士族から配偶者を迎えたケースが27ケースある（表補14）。とりわけ、「出身県」から「士族」出身の配偶者を迎えた6ケースなど、数のうえで小数派であるとはいえ、家格を最も重視していたグループであると考えることができる。そして、「他県」から、あるいは「道内」から士族出身の配偶者を得た21ケースは「次善の策」であったのかもしれない。「家格」が全く無視されるほどに開放的な社会ではなかったようである。

表補14　「村外から」の出身地別・族籍別集計

	士族	平民	不明	計
同県	6	7	1	14
他県	2	15	5	22
道内	19	22	9	50
計	27	44	15	86

　しかし、村外から迎えられた配偶者86名のうち44名が平民の出身、ということは逆にこの社会の開放的な側面をも示しているといえよう。この人々は、婚姻によって平民から士族への「身分移動」を行ったわけである。屯田戸主の婚姻に限定してもその数字が大きく変ることはない。また、入植時既に平民から養子を迎えて戸主としていた家で、この間に平民から配偶者を迎えた事例は6ケースだけである。他方、「平民」かつ「他県」、あるいは「平民」かつ「道内」のカテゴリーに分類されている人数は37名を数えている。これらの数字は、S兵村がかなり「開放的な社会」であることを示している。そして、こうした「地域社会の開放性」はS兵村内部での婚姻ネットワークにも表れている。

　同じ出身県の家同士で取り結ばれた婚姻ネットワークと、異なる出身県でのものとは前者が51ケース、後者が54ケースとほぼ同数である（表補15）。この数字から、兵村内で同県出身の家と家との間だけで婚姻関係が取り結ばれていたわけではないことがわかる。ところがそれらを年次別に集計すると、入植当初は同県同士での、しかも兵村内部での婚姻が中心になっている。それが、年を経るにつれて他県出身の家との婚姻が

補章　明治期北海道屯田兵制度による「地域」と「家族」の形成―S屯田兵村を事例として―

増加し、1891（明治24）年にはその数が同県同士の2倍を示すようになる。男女比のアンバランスという人口学的要因は無視できない。とはいえ、この入植から何年か経てはじめて、婚姻ネットワークのレベルで多様な地域的背景を持つ出身者が交流するようになったことは確かである。

表補15　村内婚姻の出身地別集計

	明治20	21	22	23	24	25	26	27	28	29	30	31	32	33	不明	計
同県内	5	13	3	8	5	3	2	2	5	2	0	0	2	0	1	51
他県	3	3	7	6	10	6	3	2	2	2	4	3	0	3	0	54
不明	0	1	0	0	1	0	0	0	0	0	0	1	1	0	0	4
村内婚計	8	17	10	14	16	9	5	4	7	4	4	3	3	4	1	109
村外から	0	7	5	9	4	3	14	11	8	9	6	3	3	2	2	86

また、1893（明治26）年に村外から配偶者を迎えるケース数が村内でのそれと逆転したことも見逃すことができない。しかも、この村外から迎えた配偶者の大部分は「他県」と「道内」で占められている。そして、入植当初には若年、未婚等の理由のために実質的な「戸主」とは見做されなかったかもしれない「屯田戸主」の多くが、配偶者を得て屯田家族の名実共に中心になっていったのがこの時期であったのは決して偶然ではない。

S兵村は入植当初から開放的な「地域社会」だったのではない。入植時以降の屯田家族の実質的な形成とともに、たとえ本心からではなかったとしても、出身地や族籍といった移住前にそれぞれがかかえていた社会の枠組を乗り越えることで、S兵村は「開放的な地域社会」へと、その構成員自らの手によってつくりあげられていったのである。

Ⅶ　おわりに

以上、1887（明治20）年の入植から約10年間にわたるS兵村における家族と地域の形成について検討してきた。資料の制約から、僅かな期間しか分析を行うことができなかった。しかし、「開拓入植」といういわばゼロポイントから記載された資料を用いることができたため、北海道屯

田兵制度によって形成された家族と地域を、ある程度まで明らかにすることができた。S兵村は「若い家族」で構成される「若い地域社会」である。但し、安易な発展的・発達的視点に立って、これがプロトタイプであるなどと主張するつもりはない。あくまで一つの事例研究であり、今後の更なる研究に向けての一里塚にすぎない。

　S兵村は、その最も根本的な制度的枠組が解消された後、つまり北海道屯田兵制度がその役割を終了したとして明治末期に廃止された後でも、「地域社会」として存続している。しかし、1911（明治44）年には220戸の入植世帯中、「兵村現住者はと見るに、僅かに88戸（この中土地家屋所有者の出寄留33戸）の少数に過ぎぬ状態」[31]にまで減少している。

　残念なことに、この「兵村現住者」を資料のうえで完全に追跡することはできなかった。しかし、1912（明治45）年に「［旧S］屯田兵現在各戸主及他管内寄留者にて本部落内の土地所有者を以て組織」された「財産組合」（共有地から生じる利益配分組織）名簿には108名の関係者の名前が載せられている（初代75名、二代目等33名）。彼等はS兵村という地域社会との関係が存続している人々とみなすことができる。

　この名簿に載せられている初代戸主75名には、「養子戸主」9名が含まれている。これらの養子戸主は1900（明治33）年に確認された9名と同一人物である。そのうちの5名はいわば「北海道に移住することがなかったとしても養子になっていたと思われる」タイプに属する。そして、残りの4名のうち3名が「屯田兵の応募条件を満たすためと思われる」タイプに、さらに1名は「株養子」の可能性の高い類型に属している。「養子戸主」という不安定な条件下でも、実質的な「戸主」になり得たと思われる層が僅かではあるが存在していたのである。

　その後、「一般移住者」が多数派を占めるようになるにつれて、S兵村の地域社会としての性格も変化していったとされている。その背景には、屯田兵制度が消滅したことで、土地取引の規制がなくなったことにある。そして、それに伴い経済階層の格差も増大したことであろう。残念なことに、この件については推測の域を出ることができない。しかし、地域空間の構成において、そしてそれに伴う土地利用形態の点で、さらに社

補章　明治期北海道屯田兵制度による「地域」と「家族」の形成―Ｓ屯田兵村を事例として―

会関係のうえで入植時からおよそ10年にわたり、制度上の数々の規制はあったものの、入植者の手によってつくり出されてきた「家族」と「地域」が、その後のここでの「地域社会」の基層を成しているのは間違いないのである。

[注]

1) 鈴木;1941:111.なお「自然村」をめぐっては高橋;2006:内山;2010:同;2012も参照.
2) 森岡;1957:12-13.
3) 同:15.
4) 同:17.
5) 小笠原;2004.
6) 上原;1914:8-19.
7) 同:16.
8) 同:48.
9) 同:51.
10) 同:105.
11) 同:124.
12) 鈴木;前出:351.
13) 同:359.
14) 上原;前出:48-50.
15) 同:214-217.
16) 森岡;前出:53.
17) Ｓ『兵村史』;1936:48.
18) 同:37.
19) 同:39.
20) 同:108.
21) 同:108-109.
22) 平川;1986.
23) 森岡;前出:21.
24) 有賀;1972:69.
25) 上原;前出:63.
26) 同:74.
27) 森岡;前出:20.

191

28) 有賀;前出:70.
29) 第七師団指令部資料.
30) 森岡;前出:21.
31) S『兵村史』:127.

補章　明治期北海道屯田兵制度による「地域」と「家族」の形成―Ｓ屯田兵村を事例として―

[文献]

有賀喜左衛門.家:至文堂;1972.
平川毅彦.都市周辺部における地域住民組織と権力構造－札幌市郊外Ｓ連合町内会を事例として－.社会学評論37-2;1986:2-19.
森岡清美.北海道篠津兵村の展開と村落構造-祭祀組織を中軸として-.東京教育大学文学部社会科学論集4号;1957:1-97.
小笠原信之.アイヌ差別問題読本－シサムになるために(増補改訂版):緑風出版;2004.
鈴木栄太郎.日本農村社会学原理:日本評論社;1941.
高橋明善.村の協働性と「自然村」.村落社会研究13-1;2006:1-12.
上原轍三郎.北海道屯田兵制度:北海道庁拓殖部;1914.
内山節.共同体の基礎理論―自然と人間の基層から:農文協;2010.
内山節.内山節のローカリズム原論―新しい共同体をデザインする:農文協;2012.

[Ｓ兵村関係資料]

兵村兵籍簿（明治20年より33年までの記載）:地区資料館所蔵.
兵村史:兵村五十年記念会;1936.
屯田兵記録（年代不明、手書き）:北海道大学附属図書館北方資料室所蔵.
明治二十九年度以降土地没収ニ関スル綴（第七師団司令部）:同.

著者略歴

平川毅彦（ひらかわ　たけひこ）

1958年	新潟市生まれ
	北海道大学文学部行動科学科（社会行動学専攻）卒業
	北海道大学大学院文学研究科博士後期課程（行動科学専攻）退学
	北海道大学文学部助手（動態社会学講座）、
	愛知県立大学文学部社会福祉学科専任講師・助教授、
	富山大学教育学部社会科教育専攻・同人間発達科学部准教授を経て
現在	新潟青陵大学福祉心理学部学部長・教授
	博士（人間文化　名古屋市立大学大学院人間文化研究科）
専攻	地域社会学・社会福祉論・社会調査法（専門社会調査士）
単著	「福祉コミュニティ」と地域社会:世界思想社;2004.
共著	地域共同管理の現在:東信堂;1998.
	現代の社会福祉政策と実践:中央法規;2000.
	グローバリゼーションと医療・福祉:文化書房博文社;2002.
	コミュニティビジネスで拓く地域と福祉:ナカニシヤ出版;2018.
論文	「福祉コミュニティ」形成と地域社会の課題（学位論文）:名古屋市立大学
	人間文化研究科;2005.
	「元気高齢者」準備段階世代の地域生活と生きがい—新潟市中央区住民調査結果から—.新潟青陵学会誌.第2巻2号;2010:11-18(共著).
	新潟市における中心市街地の「魅力」と課題－市民対象アンケート調査データを中心として－.新潟青陵学会誌.第6巻1号;2013:79-87(単著) 他．(本書所収以外)

社会関係の主体的側面と福祉コミュニティ

2017年 9月30日　初版第1刷発行
2020年11月20日　第3刷発行

著　者	平川毅彦
発行者	谷村勇輔
発行所	ブイツーソリューション
	〒466-0848
	名古屋市昭和区長戸町4-40
	電　話 052-799-7391
	ＦＡＸ 052-799-7984
発売元	星雲社（共同出版社・流通責任出版社）
	〒112-0005
	東京都文京区水道1-3-30
	電　話 03-3868-3275
	ＦＡＸ 03-3868-6588
印刷所	富士リプロ

万一、落丁乱丁のある場合は送料当社負担でお取替えいたします。
ブイツーソリューション宛にお送りください。
ⓒTakehiko Hirakawa 2017 Printed in Japan ISBN978-4-434-23367-8